FLAVOR BOY

당 신 의 혀 를 매 혹 시 키 는
바 람 난 맛 [風味] 에 관 하 여

플레이버 보이

미각소년 [味覺少年] 장준우의 세상에서 가장 지적인 맛에 관한 인문학적 탐사

FLAVOR

장준우 지음

BOY

오픈하우스

길 위의 미각소년이
보내온 편지

바야흐로 음식 콘텐츠 전성시대다. '쿡방'의 열기는 여전히 식을 줄 모르고 서점에는 온갖 식욕을 자극하는 요리책과 음식에세이가 적지 않다. 지금 머리말을 읽고 있는 당신도 서점 매대에 가득 놓인 음식 관련 서적 중에서 의심 반 호기심반으로 이 책을 집어 들었을 것이다. 과연 귀중한 시간을 내 볼만한 가치가 있는 책일까 고민하고 있다면 기왕 책을 펼쳐 본 김에 잠시 이야기를 들어보기를 권하는 바이다.

처음 유럽 땅에 발을 디딘 건 지금으로부터 5년 전, 아직 신문기자였을 시절의 어느 여름이었다. 콜럼버스가 신대륙과의 인연을 서인도제도에서 시작했다면, 나의 서양과의 첫 조우는 체코 프라하에서 이뤄졌다. 모 항공사 광고 카피 때문이었을까, 아니면 오래된 드라마 제목에 끌렸을까? 으레 가볼만한 첫 유럽 여행지로 파리나 로마, 런던을 꼽지만 왜 하필 프라하였는지는 지금도 잘 모르겠다. 소설 『리스본행 야간열차』의 주인공 그레고리우스가 왜인지 모를 강렬한 끌림으로 열차에 몸을 실은 것처럼 나는 프라하행 비행기 티켓을 샀다. 난생 처음 보는 유럽의 풍경은 여행자들에게 그렇듯 매 순간 놀라움의 연속이었다. 프라하의 이미지에 넋을 잃은 채 연신 카메라 셔터를 눌러댄 기억이 생생하다. 그렇게 프라하는 내게 풍광이 매력적인 도시로 남아 추억의 서랍장 한 켠에 고이 접혀 있었다.

그로부터 2년 뒤 운명처럼 다시 찾은 프라하는 이전과는 전혀 다른 곳이었다. 물론 친절한 체코인들, 유난히 맛있는 맥주 그리고 아름다운 골목과 지붕들은 박제를 해놓은 듯 하나도 변한 게 없었다. 변한 건 나의 시선이었다. 그동안 신상에 작은 변화가 있었다. 신문기자에서 이탈리아 요리를 배운 요리사로 커리어를 급선회한 것이다. 무시무시한 마피아 소굴로 알려진 시칠리아에서 요리 수련을 마치고 무작정 날아간 곳이 바로 유럽여행의 첫 기착지 프라하였다. 연어가 강물을 거슬러 오르듯 도착한 프라하란 도시는 더 이상 추억 속의 아름답기만 한 도시가 아니었다. 온갖 식재료가 가득한 시장과 상점, 식당 메뉴판에 적힌 요리 이름만 봐도 아이 마냥 흥분이 멈추지 않았다.

이탈리아 요리사의 시선으로 동유럽의 식문화를 바라보니 서유럽과의 공통점과 차이점이 보였다. 왜 프랑스와 스페인, 이탈리아가 유럽에서 음식으로 국제적인 명성을 얻었을까? 동유럽은 왜 서유럽과 다른 식문화를 갖게 된 걸까? 서양인과 동양인의 식습관, 음식선호의 차이는 어떤 연유에서 비롯한 걸까? 호기심이 물밀듯 차올랐다. 살면서 이토록 열정적으로 무언가를 궁금해 하고 열광한 적이 있었던가! 불행한 건 그 누구도 이에 대한 설명을 친절하게 해주지 않았다는 것이고, 다행인 건 오히려 그것이 음식에 대한 탐구의 열정에 불을 지피는 계기가 됐다는 사실이다.

프라하에서 붙은 호기심의 불은 유럽을 제집 드나들 듯 돌아다닐 때까지 꺼지지 않았다. 그간의 경험을 담아 한 권의 책을 썼고, 이를 계기로 '요리사 겸 음식작가'로 새로운 삶을 시작했다.

유럽을 돌며 많은 것을 느끼고 배웠지만 오히려 더 큰 배움과 깨달음을 얻은 건 귀국해서였다. 때로는 책에서 때로는 주방에서 궁금증에 대한 갈증을 채웠지만 운 좋게도 여러 기회를 얻어 주방 밖 세상을 엿보면서 시야를 넓힐 수 있었다. 식재료를 생산하는 각국의 생산자 및 자신만의 철학을 갖고 요리하는 셰프들과의 만남을 통해 그동안 맞춰지지 않았던 퍼즐 조각들이 하나둘 제자리를 찾았다.

예를 들어 주방에서 식재료를 존중하라는 말은 귀에 박히듯 들었지만 사실 그 의미를 온전히 이해하지 못했다. 그러나 생산 현장을 방문하고 그곳에서 생산자가 어떤 노력으로 생산물을 만드는지 눈으로 보고 귀로 듣고 혀로 맛보면서 비로소 그 소중함을 느낄 수 있었다. 주방 안에만 있었다면 결코 배울 수 없는 가치들이다. 하지만 주방에서 하루하루 치열한 전투를 치르고 있는 많은 요리사들은 그런 경험을 할 여유가 없는 것이 현실이다. 그렇기에 경험을 혼자 누리기보단 가능한 많은 사람들과 나누고 싶었다. 요리를 하는 이도, 음식을 먹는 이도 잘 알아야 맛있게 만들 수 있고 또 맛있게 먹을 수 있으리라 생각했다. 비록 인문학자는 아니지만 '왜'라고 묻는 저널리스트의 시선과 요리사의 경험으로 꾸준히 글을 썼고, 그 작은 결실이 한 권의 책으로 묶인 것이다.

음식이란 어떤 이에게는 하루를 겨우 버텨낼 에너지원일 수 있고 다른 이에겐 삶에 기쁨을 주는 탐닉의 대상이기도 하다. 요리사에게는 존재이유이자 도달해야 할 어떤 지점이기도 하고, 식당 경영자에게는 사업을 영위하는 수단이며, 콘텐츠 제작자에게는 결코 마르지 않을 매력적인 소재이기도 하다. 표현의 수단이면서 동시에 생존의 목적인 것이 바로 음식이다.

음식은 그 자체로 존재하지 않는다. 음식을 있게 하는 건 사람과 식재료 그리고 요리라는 기술이다. 이 세 가지 요소를 빼놓고 음식을 이해하기란 불가능하다. 음식이라는 현상과 맥락을 이해하기 위해선 인문학적 도구가 반드시 필요하다. 음식이란 결국 인간의 삶에 관한 것이기 때문이다.

하루가 다르게 세상이 동시다발적으로 변화하고 복잡해지는 것처럼 음식 또한 무한변신을 꾀하며 진화를 거듭하고 있다. 남은 생을 온전히 쏟아 부어도 이 거대한 호기심의 퍼즐을 다 맞출 수 있을까 의구심이 든다. 그럴수록 세계의 다양한 음식을 향한 나의 발걸음은 더욱 분주해진다. 나는 여전히 호기심 가득한 길 위의 미각소년[味覺少年]이다. 이 책은 그런 소년의 성장기록이다. 독자 여러분의 응원과 관심이 커질수록 소년의 미각은 좀 더 깊어지고 섬세해지며, 음식을 향한 열정 또한 더욱 뜨거워질 것이다.

2019년 여름

이탈리아의 뜨거운 태양 아래서

C O N T E N T S

FLAVOR ROAD **TWO** | 최고의 맛을 찾아서

CONTENTS

FLAVOR**BOY**

FLAVOR ROAD **FOUR** | 삶을 위로하는 음식들

FLAVOR ROAD

ONE

|

맛의 기본을 이루는 것들

FLAVOR BOY

FLAVOR
ROAD

01

님아,
그 지방을
떼지 마오

고기 먹는 모습을 보면 사람은 크게 두 부류로 나눌 수 있다. 고기에 붙은 지방을 떼어내고 먹는 사람과 그렇지 않은 사람으로 말이다. 기껏 지방이 붙은 소고기 스테이크를 구해 정성껏 구워냈는데 지방만 잘라 접시 한편으로 밀어내는 걸 보면 '아! 같이 먹어야 맛있는데' 하는 안타까움이 밀려온다. 물론 건강을 지키겠다는 이성이 맛을 탐하는 욕구보다 앞선 어려운 결정이었음을 이해 못하는 바도 아니다. 먹는 사람의 선택은 존중하지만 매번 음식물 쓰레기통으로 들어가는 지방 덩어리를 볼 때마다 착잡한 마음이 드는 건 어쩔 수 없다.

지방은 정말로 피해야 하는 몹쓸 영양소일까? 각종 매체에서 의사나 영양학자가 이야기하는 지방의 필요성과 유해성에 대한 이야기는 아마도 귀

에 못이 박히도록 들어왔을 것이다. 단지 전하고 싶은 건 음식을 만드는 사람과 먹는 사람의 입장에서 본 지방에 대한 이야기다.

풍미에 결정적으로 관여하다

지방은 음식 맛을 보다 좋게 하는 주방의 필수요소 중 하나다. 실제로 우리가 '요리한다'는 말의 의미를 따져보면 대상이 되는 식재료를 '가열한다, 조미한다'로 나눌 수 있고 조미한다는 데엔 '소금을 치고 지방을 더 한다'는 뜻을 내포하고 있다.

고기에 붙어있거나 버터, 오일 등 다양한 형태로 존재하는 지방은 음식에

풍미를 선사하고 윤기를 부여한다. 지방이 음식에 들어가면 입안을 매끈하게 해 촉감을 좋게 하는 일종의 윤활유 역할을 하는 것이다. 지방이 함유된 음식을 먹으면 기분이 좋아진다. 특히 초콜릿, 아이스크림 등 미각에 즉각적인 즐거움을 주는 가공식품에 지방이 반드시 들어가는 것도 이 때문이다.

지방은 우리가 '풍미風味, flavor'라고 표현하는 맛과 향에 크게 관여한다. 우리의 기대와는 달리 고기 맛의 대부분은 살코기보다 지방에서 비롯된다. 우리는 맛을 혀로 분간한다고 느끼지만 사실 후각을 통해 얻는 정보가 절대적이다. 고기 특유의 냄새, 향 성분은 단백질이 아니라 지방에 잘 녹아든다. 이 때문에 지방이 거의 붙어 있지 않은 살코기만 맛보면 어떤 고기인지 직관적으로 분간하기 어렵다. 반드시 지방이 존재해야 고기 풍미를 정확하게 느낄 수 있다. 집에서 간단히 실험을 해 볼 수도 있다. 삼겹살을 구운 프라이팬에 소고기 살코기를 올려 구워보면 지방의 역할을 가장 극적으로 알 수 있다.

마블링marbling 소고기가 맛이 있느냐 맛이 없느냐에 대한 끊임없는 논란도 결국엔 지방에 관한 이야기다. 마블링이 있다는 건 지방이 살코기 안에 고루 침투해 있다는 의미다. 지방 함량이 많을수록 고기는 더 고소하고 부드럽게 느껴진다. 돼지 등심이나 다릿살보다 지방 비중이 훨씬 많은 목살이나 삼겹살을 먹을 때 우리는 더 큰 만족감과 행복감을 느낀다. 마블링 위주의 현행 등급제도는 개선할 문제가 많다 치더라도 마블링 많은 고기가 많은 사람들의 사랑을 받는 건 그만한 이유가 있다.

물론 마블링이 전혀 없는 소고기도 그 나름대로의 맛이 존재한다. 목

지방은 우리가 '풍미'라고
표현하는 맛과 향에
크게 관여한다.
우리의 기대와는 달리
고기 맛의 대부분은
살코기보다 지방에서 비롯된다.
우리는 맛을 혀로 분간한다고
느끼지만 사실 후각을 통해
얻는 정보가 절대적이다.
고기 특유의 냄새, 향 성분은
단백질이 아니라 지방에
잘 녹아든다.

초만 먹여 키워 마블링이 거의 없는 소를 주로 소비하는 유럽이나 남미 사람들은 지방이 없는 소고기를 선호하는 것처럼 보이지만 실상은 그렇지 않다. 마블링 없는 소고기의 경우 대부분 겉을 감싸고 있는 지방을 제거하지 않고 함께 조리한다. 이 과정에서 자체의 지방이 자연스럽게 고기에 묻어나게 한다. 지방이 적은 부위를 더 맛있게 조리하기 위한 노하우인 셈이다. 마블링이 있는 고기라면 굳이 겉 지방을 붙이지 않아도 되겠지만 말이다.

지방에 얽힌 오해

지방은 그 자체로 맛을 내는 요소이기도 하지만 조리를 돕는 역할도 한다. 지방은 물보다 높은 온도를 지닐 수 있다. 가열된 지방은 식재료 표면의 온도를 높여 수분을 증발시키고 단백질을 보다 맛있게 변성시키는 작용을 한다. 뜨거운 지방과 닿은 재료의 겉은 마이야르 반응·maillard reaction을 통해 단순한 일차원적인 맛에서 복잡다양한 맛을 내는 어떤 무엇으로 변한다. 어렵게 이야기 했지만 우리가 사랑해 마지않는 프라이드치킨이나 전, 튀김은 지방의 도움 없이는 존재하기 어려운 음식이라는 걸 생각하면 쉽다.

　지방은 채식요리에도 필수적이다. 우리가 평소에 자주 접하는 나물무침만 해도 그렇다. 마지막엔 반드시 참기름이나 들기름 같은 식물성 지방을 더해 주는데 기름의 향을 첨가해 줄 뿐 아니라 입안에서 느낄 수 있는 질감에도 영향을 준다. 샐러드에도 오일이 기반이 되는 드레싱이 단짝처럼 붙어 다닌다.

　이렇게 지방은 음식의 맛을 북돋아주는 고마운 존재이지만 주변에 너무 많다는 게 문제다. 되도록 섭취를 줄이는 게 합리적인 선택이지만 존재하는 모든 지방을 마치 해로운 독성물질로 과민하게 여길 필요는 없다. 만약 우리가 먹는 음식에 지방이 없으면 음식은 온통 거칠고 먹는 즐거움이란 전혀 느낄 수 없는 무미건조함만이 존재할 것이다. 상상하는 것조차 몸서리쳐지는 일이다.

좋고 나쁨, 선악은 인간에게만 해당하는 도덕적 잣대다. 어떤 음식이나 특정 영양소는 언제나 가치중립적이다. 우리 몸에 좋은 영향을 줄지 나쁜 영향을 줄지는 어디까지나 먹는 사람이 얼마나 섭취하느냐에 달려있다.

FLAVOR
R O A D

02

식재료 덕에
이 름 을
남긴 공작

요리학교 졸업을 앞두고 견습 레스토랑을 잘못 선택하면 새벽부터 장보기와 하루종일 양파까기만 하기 일쑤다. 사진은 오스트리아 비엔나의 한 청과물 시장

"레스토랑 잘못 고르면 내내 양파만 까다가 올 수도 있어."

이탈리아 요리학교 수업 과정이 끝날 무렵, 강사인 마르코 셰프가 평소 장난기 가득한 표정과는 달리 사뭇 진지한 모습으로 학생들 앞에 섰다. 앞으로 8개월 동안 견습할 레스토랑을 잘 선택하라는 얘기였다.

대부분의 학생들은 기왕이면 미슐랭 스타급 레스토랑에서 경력을 쌓고 싶어 한다. 그러나 큰 주방일수록 역할 분담이 철저하고 위계질서가 엄격하다. 양파만 까다가 올 수 있다는 마르코의 말은 자칫 실습 기간 내내 허드렛일만 하다 올 수도 있다는 의미였다. 반면 작은 주방일수록 요리를 직접 해 볼 수 있는 기회가 비교적 많다. 그러나 요리학교를 갓 졸업한 초짜에게 프라이팬을 맡겨야 할 만큼 환경이 열악할 가능성도 높다.

그날 밤 기숙사에서는 '설마 양파만 까다 오겠어'파와 '정말로 양파만 까면 어떡하지'파 사이에 열띤 토론이 벌어졌다.

주방의 삼위일체

양파 까는 일은 대부분 막내의 몫이다. 가장 하찮은 일로 여겨지지만 뒤집어 생각해 보면 가장 기본이 되는 일이다. 요리책을 펼쳐 보면 자주 등장하는 식재료인 양파를 빼놓고는 서양요리를 이야기하기 쉽지 않다. 요리사들이 음식에 은은한 단맛을 불어넣고자 할 때 양파를 선택한다. 프렌치식 어니언 수프처럼 양파 스스로가 주연이 될 때도 있지만 대부분 조연으로서 음식에 맛과 향을 더하는 역할을 한다.

요리가 무대라고 한다면 양파와 멋진 호흡을 보여 주는 배우가 더 있다. 양파와 더불어 '주방의 삼위일체'라 불리는 당근과 셀러리다. 이 세 가지 채소를 작은 직육면체 모양으로 잘게 썬 것을 두고 프랑스에서는 '미르푸아mirepoix'라고 부른다. 요리를 다양한 맛을 한 겹 한 겹 쌓아 올리는 건축에 비유하자면 미르푸아는 지반을 다지는 기초공사에 해당한다. 서양요리, 그중에서도 냄비를 사용해 조리하는 요리에서 맛의 바탕을 깔아 준다. 서양 음식이 파와 마늘, 고춧가루를 주로 사용하는 한식과는 다른 맛의 지평을 보여 주는 이유이기도 하다.

인류의 여명부터 함께해 온 양파는 어디서든 잘 자라고 쉽게 수확할 수 있어 예로부터 식재료로 많이 사용됐다. 중세에 이르러 특유의 황 화합물 냄새 때문에 높으신 분들은 잘 먹지 않는 가난한 자들의 식재료로 취급받았다.

이에 비해 셀러리는 19세기 이전까지만 해도 꽤나 귀하신 몸이었다. 가장 연하고 아삭한 아랫줄기의 흰 부분만 사용했는데 셀러리를 재배할 때 줄기가 녹색으로 광합성되는 것을 막고자 일일이 주변을 흙으로 감싸 키웠다.

양파, 당근, 셀러리를
작은 직육면체 모양
으로 잘게 썬 것을 두
고 프랑스에서는 '미
르푸아'라고 부른다.

훗날 스스로 하얗게 자라는 품종이 나타나자 셀러리 가격은 곤두박질쳤고 이내 양파와 같은 처지로 전락했다.

11세기경 중동에서 유럽으로 건너온 당근은 원래 주황색이 아니었다. 18세기 네덜란드에서 돌연변이인 주황색 당근을 개량해 선보이기 이전까지 사람들은 자주색, 검은색의 당근을 먹어 왔다. 익혀도 먹음직스러운 빛깔을 유지하는 주황색 당근이 나타나자 다른 색깔의 당근이 설 자리는 좁아지게 됐다.

맛과 향의 오묘한 조화

전통적으로 유럽에서 양파와 당근은 푹 익혀 요리에 은은한 단맛과 감칠맛을, 셀러리는 특유의 향미를 불어넣는 데 쓰였다. 저마다 쓰임새가 있던 세 식재료가 미르푸아라는 이름으로 묶어 불리게 된 데는 사연이 있다. 18세기 프랑스 미르푸아 공작의 조리장이 기가 막힌 고기 요리 소스를 개발했는데 여기에 양파와 당근, 셀러리가 사용된 것이다. 미르푸아 공작Gaston-Pierre de Lévis-Mirepoix, 1699~1757은 이 소스에 자신의 이름을 붙였고 이후 맛을 내는 기본 재료로 유럽 각지에 널리 알려졌다고 전해진다.

사실 그 이전에도 세 가지 채소를 이용한 레시피들이 존재했다는 걸 미루어 볼 때 미르푸아 공작의 조리장이 최초로 맛을 발명했다기보다는 미르푸아 공작이 처음으로 세 채소에 하나의 이름을 붙였다고 보는 것이 훨씬 설득력이 있다. 어쨌든 공작의 조리장은 양파와 당근의 감칠맛과 익은 셀러리에서 풍겨 나오는 향이 음식의 맛을 한층 더 풍부하게 만들어 준다는 사실은 알고 있었던 셈이다.

스페인에서는 미르푸아를 소프리토라고 하는데, 셀러리 대신 토마토를 사용하기도 한다. 스페인식 냄비 볶음밥인 파에야를 만들 때 필수다.

오븐팬 위 송아지 넓적다리와 미르푸아. 오븐에 넣어 익힌 후 육즙을 머금은 미르푸아를 갈아 그레이비 소스를 만든다.

한 달 동안 양파만 깠어요

유럽 각국에서는 기후와 풍토에 따라 저마다 변형된 미르푸아를 사용한다. 스페인에서는 미르푸아를 소프리토sofrito라고 하는데, 셀러리 대신 토마토를 사용하기도 한다. 스페인식 냄비 볶음밥인 파에야paella를 만들 때 필수다. 이탈리아 일부 지역에서는 세 가지 채소 외에 마늘을 첨가하기도 한다.

실습장소로 선택한 시칠리아의 작은 주방에서 다행히 양파만 까는 불상사는 일어나지 않았다. 프랑스 요리의 영향을 강하게 받은 이탈리아 중북부의 어느 주방이었다면 매일같이 양파를 까고 당근을 썰고 셀러리를 토막냈으리라.

주방에서 일한 지 한 달쯤 지났을까. 미슐랭 별이 주렁주렁 달린 주방으로 간 후배에게서 연락이 왔다.

"형, 진짜 한 달 동안 양파만 깠어요."

작자 미상, 〈미르푸아 공작의 초상화〉, 19세기경, 캔버스에 유채, 개인 소장

초상화 속 남자는 멋진 갑옷을 입고 투구를 손에 쥐고 있지만
역사가 그를 기억하는 건 도무지 권력이나 전쟁 같은 것과 무관하다.
뜻밖에도 남자는 즐겨먹었던 소스 덕에 역사에 이름을 올렸다.
그의 이름은 가스통 피에르 레비 미르푸아로, 프랑스의 공작이었다.
그의 조리장이 기가 막힌 고기 요리 소스를 개발했는데
여기에 양파와 당근, 셀러리가 사용됐다. 그가 어떤 연유에서
소스에 자신의 이름 미르푸아를 붙였는지 정확하게 알려지진 않았지만,
아무튼 그는 역사에 이름을 새긴 인물이 됐다.

FLAVOR
ROAD

03

요 리 계 의
슈　　퍼
히　어　로

초인적 영웅이 등장하는 슈퍼히어로 장르는 문화계에서 오랫동안 컬트^{cult} 취급을 받아 왔다. 그러나 언젠가부터 대중의 폭넓은 사랑을 받으며 당당히 주류로 올라섰다. 고난과 역경을 겪은 후 평범한 사람에서 초인적인 능력을 가진 영웅이 된다는 건 슈퍼히어로물의 공식이다. 물론 날 때부터 능력을 타고난 슈퍼맨도 있지만 대부분의 인간 히어로들에게 있어 시련은 더 큰 능력을 얻기 위한 일종의 통과의례다.

뜬금없이 슈퍼히어로물 이야기를 꺼낸 건 작은 캔 속에 담긴 한 식재료 때문이다. 이탈리아어로는 아추가^{acciuga}, 스페인에서는 안초바^{anchova}, 영어로는 앤초비^{anchovy}라 불리는 이 작은 멸치절임은 요리계에 있어 슈퍼히어로와 다름이 없다.

본질적인 문제를 단번에 해결해 주는 힘

요리라는 행위는 날것의 식재료를 먹을 만한 것으로 바꾸는 것만을 의미하지 않는다. 맛있는 요리를 만들기 위해서는 음식에 어떤 요소를 넣어 줘야 한다. 바로 '짠맛'과 '감칠맛'이다. 음식을 잘 만든다는 말의 이면에는 짠맛과 감칠맛을 적절히 잘 쓴다는 뜻이 담겨 있다. 대체로 음식이 맛없다고 느끼는 건 이 두 가지 중 하나 혹은 모두가 부족해서 생기는 비극이다. 그러니까 요리하는 사람에게 있어 짠맛과 감칠맛을 적절히 불어넣어 주는 것이 하나의 숙제인 셈이다. 반대로 이 두 요소를 포함하고 있는 식재료를 사용하면 손쉽게 문제를 해결할 수 있다는 얘기도 된다.

앤초비는 이 본질적인 문제를 단번에 해결해 주는 힘을 갖고 있다. 앤초

비는 생멸치를 소금에 몇 달간, 많게는 1년 반 정도 절여 만든다. 멸치에게는 힘든 시간이겠지만 인고의 과정이 지나면 멸치는 더 이상 평범한 생선이 아니게 된다. 폭발적인 감칠맛과 짠맛으로 음식에 맛을 더해 주는 슈퍼히어로로 탈바꿈한다.

이런 능력을 가진 식재료는 앤초비 말고도 있다. 서양의 치즈, 동양의 젓갈이나 간장, 된장 같은 장류가 같은 역할을 한다. 음식에 깊은 감칠맛을 불어넣어 준다는 점에서 L글루타민산나트륨[MSG]도 '맛 어벤저스'에 포함된다.

우리에게 멸치는 말려서 국물을 낼 때 쓰거나 볶아서 먹는 존재지만 유럽의 사정은 좀 다르다. 지중해와 대서양 연안에서 많이 잡히는 멸치는 우리나라 연안의 멸치와는 생김새부터 다르다. 유럽 멸치는 몸집이 더 크고 입이 뾰족하다. 대부분 소금이나 식초에 절이지만 바다를 끼고 있는 지역에서는 싱싱한 멸치를 튀기거나 구워 먹기도 한다.

유럽에서는 앤초비 이전에 생선 내장을 한데 모아 소금에 절여 발효시킨 '가룸[garum]'이 있었다. 고대 로마 시절 음식에 빠지지 않고 사용된 피시 소스[fish sauce]의 일종이다. 우리가 거의 모든 요리에 맛을 더하기 위해 간장이나 된장을 쓰듯 맛을 좀 아는 로마인들은 이 감칠맛의 정수를 즐겨 사용했다. 생선 내장을 소금에 발효시키면 비슷한 향취와 풍미를 보인다는 점에서 가룸은 우리의 갈치속젓이나 밴댕이젓과 크게 다르지 않았으리라 추측해 본다. 지중해에서 지금은 가룸을 만드는 전통은 사라졌고 그 자리를 소금에 절인 앤초비가 대신하고 있다.

스페인 남단 타리파 지역 볼로냐 해변 부근에 위치한 바엘로 클라우디아의 가룸 공장으로 알려진 유적. 바엘로 클라우디아는 기원전 2세기 경 고대 로마제국이 관할한 도시였다.

고대 로마제국 폼페이에서 출토된 것으로 알려진 가룸 용기 (영국 박물관 소장)

그 자체로도 완전한 음식

솔직히 소금에 절인 앤초비는 다 같은 맛을 내는 줄로만 알았다. 스페인 북부 칸타브리아Cantabria 지방에서 프리미엄 앤초비를 생산하는 '엘 카프리초 El Capricho'를 방문하기 전까지는 말이다. 엘 카프리초는 2대째 앤초비와 참치 가공품을 생산하고 있는 소규모 가공업체다. 회사를 이끄는 세자르와 호세 형제는 대형 가공업체가 생산한 값싼 가공품에 밀려 지역의 해산물 가공산업이 쇠퇴하는 것을 안타깝게 지켜본 아버지의 사업을 물려받았다. 그들은 현명했다. 대형 업체와 가격 경쟁을 하는 대신 품질로 승부하기로 했고 그 전략은 시장에서 먹혀들었다.

공장은 작지만 갖출 것은 모두 갖추고 있다. 1년 6개월간 상온과 냉장에서 번갈아 염장한 앤초비를 세척한 후 직원들이 일일이 손으로 뼈와 껍질 등 이물질을 정성스레 발라냈다. 말끔하게 손질된 앤초비는 오일과 함께 용기에 담겼다. 앤초비는 마치 쫙 빼입은 턱시도 같은 포장을 입고 세상에 나왔다. 일련의 장면을 보니 이들의 앤초비가 어째서 일반적인 제품과 다른 맛을 내는지, 왜 서너 배나 높은 가격인지 단번에 이해가 갔다. 이렇게 정성 들여 만든 고품질의 앤초비는 뭐 하나 더할 것 없이 그 자체로도 하나의 완전한 음식이었다.

요리가 어렵다면 앤초비를 이용해 다양한 요리를 시도해 보자. 슈퍼히어로급 식재료의 힘은 잘 쓰면 인류를 '맛없음'이라는 악당의 손아귀에서 구원한다. 잘못 쓰면 그날의 식사가 엉망이 되는 재앙을 불러일으킬 수도 있지만 그래도 어떠랴. 시련 없이는 힘도 주어지지 않는 법이다.

소금에 절인 앤초비는 다 같은 맛을 내는 줄로만 알았다. 스페인 북부 칸타브리아 지방에서 프리미엄 앤초비를 생산하는 '엘 카프리초'를 방문하기 전까지는 말이다. 엘 카프리초는 2대째 앤초비 가공품을 생산하고 있는 영세업체다. 1년 6개월간 상온과 냉장에서 번갈아 염장한 앤초비를 세척한 후 일일이 손으로 뼈와 껍질 등 이물질을 정성스레 발라낸다. 말끔하게 손질된 앤초비는 오일과 함께 용기에 담긴다.

FLAVOR
ROAD

04

쓴　맛을
보　　다

중국 창세신화에는 '신농神農'이란 인물이 등장한다. 한족에게 처음으로 농사짓는 법을 알려줘 '농사의 신'으로 불리는 인물이다. 먹을 수 있는 식물과 먹을 수 없는 식물을 구분하고자 온갖 식물을 먹어보며 생체실험을 자처했던 '의술의 신'이기도 하다. 각종 독초를 먹고 고생한 탓에 그의 몰골은 흉측하게 변해 흡사 도깨비와 같았다고 전해진다.

신농이 실재했던 인물인지, 단지 신화 속 이야기에 지나지 않는지는 알 수 없다. 요지는 애초에 난생처음 보는 식물을 맨 먼저 먹어 본 누군가가 있었고 그 덕에 사람들은 그것이 식용인지 아닌지에 대한 지혜를 축적할 수 있었다는 점이다. 이렇게 본다면 신농은 어떤 용감한 특정인이 아니라 새로운 먹거리에 도전하는 인간의 정신 내지는 속성을 은유하는 상징이 아닐까?

'신이시여!'를 외칠 만큼 쓴

만약 신농이 올리브 열매를 먹어 보았다면 어떤 결론을 내렸을까?

올리브 나무에 열린 열매를 보고 피자 위에 올리는 기름지고 고소한 올리브의 맛을 기대했다면 큰 오산이다. 생 올리브 열매는 지독하게 떫고 맵다. '올레우로페인oleuropein'이란 성분 때문이다. 얼마나 지독하냐면 종교가 없는 이도 신을 찾게 만들 정도랄까. 지독한 맛을 경험한 이로써 이야기하자면 굳이 권하고 싶지 않다. 아마도 신농은 '못 먹는 것'으로 올리브 열매를 분류했으리라.

오래전 누군가는 이 작고 떫은 열매를 쥐어짜면 향기롭고 쓸 만한 기름을 얻을 수 있다는 걸 알아냈다. 또 다른 누군가는 이 열매를 물에 오랫동안 넣고 씻어내기를 반복하거나 소금물에 절이면 꽤 먹을 만한 것으로 바뀐다는 사실을 발견했다. 그리고 고대 로마 시대의 누군가는 재를 탄 물에 올리브를 절여 더 빠르고 효율적으로 가공하는 방법을 고안해냈다.

올리브는 압착해 기름으로 만들기도 하지만 절인 올리브로도 많이 소비된다. 반찬이나 안주로 먹는 이른바 '테이블 올리브table olive'다. 테이블 올리브는 흔하게 찾아볼 수 있다. 어려운 건 맛 좋은 테이블 올리브를 찾는 일이다. 올리브가 초록색 아니면 까만색 말고 뭐가 더 있나 싶지만 테이블 올리브의 세계는 그리 단순하지 않다. 국가별 품종은 물론 제조방식에 따라 다양한 테이블 올리브가 존재한다.

올리브 나무에 열린 열매를 보고 피자
위에 올리는 기름지고 고소한 올리브의
맛을 기대했다면 큰 오산이다. 생 올리
브 열매는 지독하게 떫고 맵다.

어려운 건 맛 좋은 올리브를 찾는 일이다. 올리브가 초록색 아니면 까만색 말고 뭐가 더 있나 싶지만 테이블 올리브의 세계는 그리 단순하지 않다. 국가별 품종은 물론 제조방식에 따라 다양한 테이블 올리브가 존재한다.

발효의 마술

혹자는 날것을 의미하는 '생生' 올리브라고도 하지만 테이블 올리브는 일종의 발효가공식품이다. '생'이 아니라는 말이다. 올리브 열매를 먹기 위해선 소금물이나 양잿물, 혹은 식초물에 담가 쓴맛을 제거해야 한다. 이 과정에서 발효가 일어나는데 방법에 따라서 올리브의 맛이 더 농밀해지기도, 맛이 빠져나가기도 한다.

어떤 생산자는 소금에 절이기도 하고 햇빛에 말리거나 공기 중에 노출시키기도 한다. 어느 한 가지 방식을 사용하기도 하고, 또 한두 가지 방식을 혼용하기도 한다. 값싸고 품질 낮은 올리브와 비싸고 유통기한이 짧은 고급 올리브의 차이가 여기서 결정된다.

우리가 접할 수 있는 대부분의 테이블 올리브 제품은 알칼리 처리를 거친 것들이다. 올리브를 알칼리성 용액인 양잿물에 담그면 껍질에 미세한 구멍이 생기면서 쓴맛을 내는 올레우로페인이 분해된다. 이어 농도가 다른 소금물에 순차적으로 담그면 젖산 발효가 일어난다. 이렇게 되면 김치처럼 올리브에 약간의 산미가 더해진다. 이른바 스페인 혹은 세비야 스타일이라고 부르는 가공 방식이다. 밝은 녹색의 시칠리아산 카스텔베트라노Castelvetrano나 스페인산 올리브가 이 같은 방식으로 생산된다.

일부 지역에서는 알칼리 처리를 하지 않고 소금물에만 담그기도 한다. 시간이 오래 걸리는 대신 알칼리 처리를 한 올리브에 비해 신맛이 덜하고 올리브 품종별로 독특한 발효 풍미가 더해진다. 주로 고품질의 블랙 올리브가 이런 방식으로 생산된다.

신농이 그랬던 것처럼

프랑스나 이탈리아, 스페인 등 지중해 연안 지역에서는 다양한 스타일의 테이블 올리브를 파는 가게를 찾아볼 수 있다. 동네마다 장맛이 다르듯 올리브도 마찬가지다. 레몬이나 라임과 같은 감귤류에 올리브를 절이기도 하고 로즈메리rosemary, 오레가노oregano 등 각종 허브와 향신료에 버무려 내기도 한다.

와인에 곁들일 간단한 안주로 치즈와 육가공품이 부담스럽다면 대안은 역시 올리브다. 매번 사는 저렴한 캔 올리브 대신 조금 가격이 나가더라도 병이나 플라스틱 포장용기에 담긴 올리브에 눈길을 줘보자. 카스텔베트라노나 체리뇰라Cerignola, 칼라마타Kalamata, 만자니야Manzanilla와 같이 올리브 품종이 적혀 있다면 시도해볼 가치가 있다. 비록 산지의 다양성만큼은 아니라 할지라도 각기 다른 올리브 맛의 차이를 느낄 수 있을 정도는 된다. 무엇을 사야 할지 잘 모르겠다면 역시 먹어 보는 방법밖에 없다. 그 옛날 신농이 그랬던 것처럼.

동네마다 장맛이 다르듯 올리브도 마찬가지다. 레몬이나 라임과 같은 감귤류에 올리브를 절이기도 하고 로즈메리, 오레가노 등 각종 허브와 향신료에 버무려 내기도 한다.

FLAVOR
ROAD

05

요　리　의
표　정　을
바　꾸　는
한　방　울

복집과 냉면집 탁자에 놓인 식초병이 눈에 들어올 때면 늘 궁금했다. 기껏 주방에서 공들여 만든 국물에 초를 치는 이유는 뭘까?

가끔 일행이 국물에 식초를 넣으면 괜한 호기심이 발동해 한두 방울 떨어트린 적은 있다. 어색한 산미가 입안에서 맴돌 뿐, 내게 식초란 완벽한 국물 맛을 해치는 훼방꾼에 지나지 않았다. 음식을 배우기 전까지는 그랬다.

이탈리아 요리학교의 수업은 낯섦의 연속이었다. 실습 중 약간의 식초를 음식에 종종 넣는 경우도 그랬다. 채소 리소토를 만들 때 마지막에 한두 방울 넣어준다던지, 고기와 와인으로 묵직한 소스를 만들 때 식초가 등장했다. 산미가 주인공이 아닌데 굳이 식초를 더해주는 이유가 궁금했다. 셰프의 대답은 간단했다. 결과물에 생동감을 준다나.

설명이 썩 와 닿지 않아 식초를 몰래 빼고 음식을 만들었다. 음식을 먹어본 셰프는 한쪽 눈을 찡그리며 이야기했다. "식초 안 넣었지?" 식초를 넣어 만든 옆 친구의 음식을 먹어 보니 웬걸, 생동감이라는 의미가 혀의 미뢰味蕾를 타고 중추신경으로 쭉쭉 전해져 왔다. 식초 한 방울이 요리의 표정을 순식간에 바꿔놓을 만큼 힘이 있다는 걸 깨달은 순간이었다.

주방에서 공들여 만든 음식에 초를 친다?!

적당량의 식초를 넣으면 음식에 산뜻한 산미를 더해준다는 건 누구나 아는 사실이다. 음식 맛에 감칠맛을 입히고 각 재료의 맛을 더욱 선명하게 만들어주는 결정적인 역할을 한다는 것까지도 음식을 조금 해본 사람이라면 아는 부분이다. 한데 식초의 종류에 따라 산미의 뉘앙스가 확연히 바뀌는 것

을 안다는 건 전문가의 영역이다. 어
떤 식초를 어떻게 쓰느냐에 따라 요
리의 풍미가 금세 달라진다.

유럽에서 식초의 발견은 술의 역
사와 궤를 같이한다. 당이 있는 포도
나 곡물을 발효시키면 술이 되고 술
이 발효되면 식초가 된다. 이미 기원
전 4000년 이전부터 인간은 술을 만
들면서 식초도 함께 만들어왔다. 당
시 술은 포도로 와인을, 보리로 맥주
를, 사과나 대추야자로도 술을 만들
었다. 이 모든 술들은 식초가 될 잠재
력을 갖고 있었다.

식초를 만드는 이들은 각기 다른
술로 만든 식초의 맛이 다 다르고 어
떻게 얼마 동안 보관하느냐에 따라
서 품질이 달라진다는 걸 알게 됐다.
식탁에 극적인 변화를 줄 수 있는 존
재였던 식초는 입맛을 돋우는 양념
으로서, 그리고 소금과 더불어 냉장
고가 발명되기 이전까지 꽤 훌륭한
보존제로 사용돼 왔다.

식초는 식탁에 극적인 변화를 가져다주는 존재로, 음식
에 맞는 적절한 식초를 선택하는 것은 노련한 요리사가
갖춰야 할 기본 덕목 중 하나다.

식초를 잘 써야 능숙한 요리사

현대로 돌아와 보자. 당장 우리가 손쉽게 구할 수 있는 국산 식초는 사과, 현미, 레몬 식초 등이다. 일본과 중국에서는 쌀 식초를, 서양에서는 레드 와인과 화이트 와인 식초, 발사믹balsamic, 셰리 와인sherry wine, 애플사이더apple cider 식초를 많이 사용한다. 동양과 서양에서 쓰는 식초의 종류가 다른 만큼 식초를 이용한 음식의 뉘앙스도 상당히 다른 편이다.

다시 말하면 한국에서 쓰는 식초에 우리 입맛이 맞춰져 있다는 얘기다. 한국의 초무침 요리에는 아무래도 우리에게 익숙한 국산 식초가 더 어울릴 수밖에 없다. 산뜻한 맛으로 먹는 초무침에 진한 감칠맛이 감도는 셰리 식초나 발사믹 식초를 넣는다면 금방 이질감을 느끼기 쉽다. 반대로 샐러드에 사과 식초나 레몬 식초를 넣으면 아무래도 쨍하고 날카로운 산미가 거슬리기 마련이다.

어떤 음식에 어떤 식초를 써야 한다는 법칙은 없다. 그래도 음식에 맞는 적절한 식초를 선택하는 건 노련한 요리사라면 반드시 갖춰야 할 덕목 중 하나다. 자칫 잘못하면 잘 만들어 놓은 음식에 정말로 초를 쳐버리는 일이 생길 수 있기 때문이다.

서양요리를 하는 나의 경우엔 식초를 맛의 경중에 따라 두 부류로 나눈다. 가볍고 산뜻하고 경쾌한 맛을 주기 위한 식초와 깊고 풍부한 감칠맛의 풍미를 더하기 위한 식초다. 전자의 경우 화이트 와인 식초와 애플사이더 식초를 번갈아 사용한다. 애플사이더 식초는 사과주로 만드는데 사과 식초보다 덜 날카롭고 감칠맛을 약간 갖고 있어 두루두루 쓰기에 좋다. 해산물이나 가벼운 샐러드의 드레싱으로 사용하면 손쉽게 맛에 포인트를 줄 수 있다.

색이 진한 셰리 식초와 발사믹 식초는 후자의 용도로 쓴다. 셰리 식초는 스페인의 주정강화 와인인 셰리 와인을 발효시킨 것이고 발사믹 식초는 이탈리아 포도로 만든, 감칠맛과 단맛이 조화로운 식초다. 주로 볶음 요리나 오래 끓이는 요리 중간에 사용하면 맛이 한층 더 다채로워진다.

아, 지금은 복국이나 냉면을 어떻게 먹느냐고? 식초의 매력을 안 이상 원래 국물을 먼저 맛본 다음 남은 절반엔 꼭 초를 쳐서 먹는다. 식초가 주는 마법과 같은 효과를 보다 극적으로 느낄 수 있거니와 한 그릇을 시켜서 두가지 음식을 먹는 듯한 기분을 느낄 수 있으니 일석이조인 셈이다.

발사믹 식초

셰리 식초

애플사이더 식초

발사믹은 향이 좋고 깊은 맛을 지닌
최고급 포도식초를 일컫는다.
발사믹 식초는 단맛이 강한 포도즙을 나무통에 넣고
목질이 다른 통에 여러 번 옮겨 담아 숙성시킨다.
'발사믹'이란 이름을 쓰려면 이탈리아 북부
모데나^{Modena} 지방에서 나온 포도 품종으로
그 지방의 전통적인 기법으로 만들어야만 한다.

FLAVOR
ROAD

06

숨을 죽여
숨을 살리다

일찍이 『삼총사』, 『몬테크리스토 백작』을 쓴 프랑스 작가 알렉상드르 뒤마 Alexandre Dumas, 1802~1870는 이렇게 이야기했다.

"샐러드는 인간의 자연스러운 음식이 아니었을 것이다. 인간이 야채를 먹을 체질을 타고나지 않았지만 문명 때문에 풀을 먹게 됐다."

요즘 같은 시대에 이런 말을 했다면 지탄을 받을 게 분명하다. 베저테리언 vegetarian이 대세는 아니라 할지라도 건강을 위해 샐러드를 먹는다는데 누가 딴지를 걸 수 있으랴.

샐러드란 무엇인가? 일반적인 정의로는 생야채에 각종 양념을 더한 음식을 말한다. 생야채에는 양상추나 상추처럼 부드러운 계열의 야채부터 루콜라·시금치·양파·셀러리 등 강한 향미를 지닌 야채, 바질·타임·로즈메리 등 향을 더하는 허브 등이 포함된다.

흔히 드레싱 dressing이라고 부르는 양념도 많은 개념을 포함한다. 소금, 오일, 식초는 기본이요 여기에 후추, 마늘, 달걀노른자로 만드는 마요네즈 등이 취향에 따라 더해지기도 빠지기도 한다. 사실 개념으로만 보면 한국의 나물이나 무침도 일종의 샐러드인 셈이다.

salt 혹은 salad

뒤마가 언급한 것처럼 샐러드는 모두가 좋아하는 음식은 아니었다. 수렵 채집에서 농경사회로

접어든 인류에게 생야채가 어떤 의미였는지는 명확하게 알기 힘들다. 그나마 고대 이집트와 그리스 시대의 기록이 남아 있기에 우리는 당시부터 샐러드를 먹어 왔다는 걸 짐작할 수 있을 뿐이다. 샐러드salad는 소금을 친다는 뜻의 라틴어 'salata'에서 유래한 단어다. 야채에 소금을 뿌려 간을 해먹는 음식이란 의미다. 생야채에 소금을 뿌려 봤자 잘 묻지 않는다. 그래서 오일을 함께 뿌리고 여기에 상큼한 식초를 더해 입맛을 돋우는 음식이 탄생했다.

로마의 시인 오비디우스Publius Naso Ovidius, BC43~17는 "인간은 풀을 뜯어먹고 사는 존재가 아니라 하늘을 올려다보는 숭고한 존재"라고 했지만 수세기 동안 인간은 풀을 뜯어먹어 왔다. 오늘날처럼 다양한 야채들을 층층이 올려

셰프들이 주방에서 숨을 죽여야 할 때가 있다. 바로 샐러드의 숨을 살려야 하는 순간이다. 비록 땅 위가 아닌 접시 위의 식물이지만 그럼에도 샐러드는 생생하게 살아있어야 한다.

시각적인 즐거움을 주고 각종 드레싱을 뿌려 맛을 다층적으로 느끼며 먹는 방식은 유럽에서도 식문화가 번성한 18세기가 되어서야 상류층을 중심으로 유행하기 시작했다.

하지만 가능한 한 칼로리를 최대한 섭취해야 했던 하층민들에게 샐러드는 이해하기 어려운 음식이었다. 배가 고파 아사餓死 직전의 인간에게 고기가 담긴 접시와 샐러드가 담긴 접시를 주면 어떤 걸 선택할지는 굳이 상상해 보지 않아도 되리라.

또 다른 차원의 맛

시저 샐러드Caesar salad나 콥 샐러드Cobb salad 등 우리에게 익숙한 이름의 샐러드는 대부분 1920년대를 전후로 미국에서 탄생했다. 식초 · 소금 · 올리브유에 겨자가 들어간 비네그레트vinaigrette나 여기에 마요네즈, 우스터소스, 각종 허브들이 들어가 섞인 '프렌치 드레싱French dressing'이 유행하기 시작한

것도 이때부터다. 정작 유럽에서는 기본에서 약간의 변주가 가미된 단순한 드레싱이 일상적으로 쓰였다. 이탈리아의 많은 가정에서는 아직도 소금과 올리브 오일, 약간의 후추와 식초만 이용해 샐러드를 만드는 방식이 일반적이다. 너무 많은 맛과 향이 가미되면 야채가 가진 풍미를 제대로 느끼지 못하게 된다는 것이다. 물론 옳다 그르다의 문제는 아니다. 단지 취향의 차이일 뿐이니 말이다.

식탁에서 샐러드의 역할은 두 가지다. 다른 음식을 먹을 때 기분을 전환시켜 주는 보조요리이거나 혹은 그 자체로 독립적인 하나의 주요리다. 단품이 여러 개 나오는 긴 서양식 코스요리에서 샐러드는 코스 시작 전 입맛을 돋우거나 코스 중간에 입안을 정돈해 주는 역할을 한다. 때로는 주요리의 맛을 보완하기도 한다. 우리가 삼겹살 구이와 함께 먹는 파절임의 역할을 생각하면 쉽다. 파절임도 이론적으로 보면 샐러드다. 새콤달콤한 파절임은 고기를 먹고 난 뒤에 느끼함을 가시게 하는 역할도 하지만 고기와 함께 먹었을 때 또 다른 차원의 맛을 내기도 한다.

접시 위의 식물

요즘 같은 섭취 과잉의 시대엔 건강을 위해 샐러드를 먹으라는 이야기를 수없이 듣게 된다. 여기서 짚고 넘어갈 건 샐러드를 먹으란 이야기가 다른 음식을 똑같이 먹으면서 샐러드를 '더' 먹으라는 말은 아니라는 점이다. 다른 음식 섭취를 가능한 한 줄이고 그 대체음식으로 샐러드를 먹으라는 의미다.

샐러드는 야채와 소금, 오일 등으로 만든다. 몸에 좋다는 올리브 오일도 많이 먹으면 살이 붙는 지방일 뿐이다. 사실 건강은 샐러드를 많이 먹어서 얻게 되기보다 다른 음식을 줄이는 데서 얻는 부상에 가깝다.

샐러드가 식탁에 선사해 주는 기쁨은 계절감이다. 계절별로 다양한 음식을 맛볼 수 있다는 건 축복과도 같다. 요즘은 농업기술의 발달로 계절을 가리지 않고 다양한 생야채들을 만날 수 있지만 계절의 기운을 듬뿍 받고 자란 야채를 맛보게 되면 제철 식재료의 진정한 맛이 어떤 것인지 확연히 느낄 수 있다. 봄을 손꼽아 기다리는 것도 이 때문이다.

셰프들이 주방에서 숨을 죽여야 할 때가 있다면 바로 샐러드의 숨을 살려야 하는 순간이다. 비록 땅 위가 아닌 접시 위의 식물이지만 셰프들의 섬세한 손길로 샐러드는 생생하게 살아난다. 계절의 풍미를 만끽할 수 있는 순간이다.

FLAVOR
R O A D

07

트라파니의
짠   바람

시칠리아에 민담으로 전해 내려오는 이야기가 있다. 어느 날 왕은 세 명의 공주를 한자리에 불러 말했다.

"진정으로 아비를 사랑한다면 돌아오는 나의 생일에 가장 특별한 선물을 가져 오거라."

왕의 생일이 되자 첫째 딸은 금으로 된 호화스러운 장신구를, 둘째는 진귀한 다이아몬드와 진주를 아버지에게 선물했다. 흡족한 미소를 띤 왕은 곧이어 막내딸이 준 선물상자를 열었다. 값비싼 보석류를 기대했건만 어찌된 영문인지 상자 속에 담긴 건 낡은 소금자루 하나였다. 크게 진노한 왕은 막내 공주를 성에서 즉시 추방할 것을 명했다. 공주는 친구인 궁정 요리사에게 '앞으로 왕이 먹는 음식에 소금을 넣지 말라'는 당부를 남기고는 홀연히 성을 떠났다.

그날 이후 왕은 하루하루가 지옥 같았다. 음식 때문이었다. 도무지 간이 안 된 음식이 무슨 맛이 있으랴. 일주일 만에 백기를 든 왕은 막내 공주를

세계적으로 유명한 소금 목록에서 트라파니산 소금이 빠지는 일은 거의 없다.

다시 성으로 불러들여 지혜로움을 칭찬했고 그 뒤로 맛있는 음식을 마음껏 먹으며 행복하게 잘 살았다고 한다.

여느 민담과 동화가 그러하듯 이 이야기는 한 가지 중요한 교훈을 담고 있다. 음식에 소금이 빠지면 맛이 없다는 사실이다. 요즘에야 소금의 과잉이 각종 성인 질환의 원인으로 인식돼 위험물질 취급을 받고 있지만 본디 소금은 인간의 생존에 꼭 필요한 요소다. 요리에 관한한 맛을 내는 시작과 끝이요, 알파이자 오메가와 같은 존재인 것이다.

단 하나의 물질

소금은 단지 음식에 짠맛만 불어넣는 것이 아니다. 조리 과정에서 재료와 상호작용을 하며 쓴맛과 같은 불쾌한 맛을 가려 주고 맛과 향을 더욱 선명하게 만들어 주는 역할도 한다. 이 때문에 '분자요리의 아버지'라 불리는 페란 아드리아Ferran Adria 셰프는 소금을 가리켜, "요리를 변화시키는 단 하나의 물질"이라고 했다.

유럽에서 이름난 소금 산지를 꼽으라고 하면 프랑스 게랑드Guérande와 영국의 몰든Malden, 그리고 이탈리아의 남쪽 섬 시칠리아에 위치한 트라파니Trapani를 꼽는다. 그 가운데 트라파니는 가장 역사가 오래된 염전으로 유명한 곳이다. 뜨거운 태양과 건조한 기후, 그리고 드넓은 갯벌이 펼쳐진 이곳에 염전을 만든 건 고대 페니키아인들이었다. 트라파니는 아프리카 대륙과 유럽 대륙을 지중해 중간에서 잇는 요충지인 동시에 드넓은 곡창지대와 막대한 부를 안겨다 줄 수 있는 소금까지 생산되는 천혜의 환경을 가진 곳이었다.

소금은 음식에 짠맛만 불어넣지 않는다. 조리 과정에서 식재료의 불쾌한 맛을 가려 주고 풍미를 더욱 선명하게 북돋운다. 분자요리의 아버지 페란 아드리아는 소금을 가리켜 "요리를 변화시키는 단 하나의 물질"이라 했다.

페니키아인들이 세운 카르타고가 수차례에 걸친 포에니전쟁에서 로마에 패하자 트라파니의 지배권은 로마인에게 넘어갔다. 테베레강 유역에서 소금무역으로 흥한 로마가 지중해 패권을 잡고 더 큰 제국을 세울 수 있었던 것도 트라파니에서 생산되는 막대한 양의 소금이 뒷받침된 덕분이었다는 주장도 있다.

우리가 천일염 하면 신안 갯벌을 연상하듯 이탈리아 사람들은 소금 하면 트라파니의 염전과 풍차를 떠올린다. 중세 때 만들어진 풍차는 바람의 힘을 이용해 거친 입자의 소금을 곱게 빻는 역할을 했는데 지금도 그 모습이 남아 있다. 염전에 바닷물을 모아 두고 서서히 증발시키면 소금 결정이 생기는데 큰 결정은 아래로 가라앉는 반면 수면에는 눈꽃처럼 투명하고 얇은 결정층이 생긴다. 수면 위에 뜨는 고운 결정은 꽃소금 ^{피오르 디 살레, Fior di Sale} 이라고 부르는데 그 양도 많지 않고 일일이 사람이 걷어내는 수고를 필요로 하기 때문에 일반 소금에 비해 값이 비싸다.

바닥에 깔린 굵은 소금을 한데 긁어모아 간수를 빼는 과정을 거치면 천일염이 만들어진다. 염전에서 바로 수확한 소금을 주워 먹어 보면 짠맛보다 불쾌한 쓴맛이 더 느껴지는데 이는 간수에 함유된 마그네슘 성분 때문이다. 간수가 빠지지 않은 소금을 몰래 한 바가지 퍼 간다고 한들 별 쓸모가 없다는 뜻이다.

맛의 시작과 끝

주방에서는 소금을 어떻게 사용할까? 세상엔 수많은 종류의 소금이 있지만 대부분의 요리사들에게 미네랄 성분이 풍부한 소금이라든가 친환경 소금, 두 번 구운 소금 같은 건 사실 관심거리가 되지 않는다. 미네랄이 더 함유된 소금은 정제 소금에 비해 맛이 다르다고 하지만 사실상 조리 중간에 사용되면 재료 자체의 맛에 가려 그 차이를 느끼긴 힘들다. 국적을 불문하고 조리용 소금으로는 염도를 맞추기 편하고 저렴한 정제염을 가장 많이 사용한다.

다만 요리사들이 탐내는 건 요리의 마무리에 쓰는 특별한 소금이다. 몰든 소금과 같이 속이 빈 피라미드 모양의 박편형 소금은 서양요리를 하는 셰프들이 가장 갖고 싶어 하는 소금 중 하나다. 음식이 나가기 직전에 살짝 뿌려주면 입안에서 톡톡 터지는 식감과 함께 짠맛의 악센트를 준다.

이밖에도 트러플이나 셀러리, 발사믹 식초 등 향을 첨가한 소금들도 있는데 대부분 조리용이 아닌 마지막에 포인트를 줄 때 사용한다. 이러한 소금들은 (요리에) 반드시 필요한 것은 아니지만 맛의 첫인상을 좌우하는 역할을 하기에 되도록 다양한 소금을 구비하고 싶은 게 요리사들의 작은 소망이다.

몰든 소금과 같이 속이 빈 피라미드 모양의 박편형 소금은 서양요리를 하는 셰프들이 가장 갖고 싶어 하는 소금 중 하나다. 음식이 나가기 직전에 살짝 뿌려주면 입안에서 톡톡 터지는 식감과 함께 짠맛의 악센트를 준다.

이탈리아 사람들은 소금 하면
트라파니의 염전과 풍차를 떠올린다.
풍차는 바람의 힘을 이용해 거친 입자의 소금을 곱게 빻는다.
염전에 바닷물을 모아 두고 증발시키면
소금 결정이 생기는데 큰 결정은 아래로 가라앉고
수면에는 눈꽃처럼 투명하고 얇은 층이 생긴다.
수면 위에 뜨는 고운 결정을 '피오르 디 살레'라 부르는데,
우리말로 하면 꽃소금이 된다.

FLAVOR
ROAD

08

숙 성 의
가 치 를
숙고해보다

한 번쯤 이탈리아 요리를 집에서 해 보겠다고 마트를 찾으면 으레 당면하게 되는 딜레마가 있다. 바로 파스타나 리조토에 쓸 치즈를 고르는 일이다. 단단한 경질치즈가 필요한데 대개 선택지는 '파르미지아노 레지아노parmigiano-reggiano' 이하 파르미지아노와 '그라노 파다노grano padano' 두 가지다. 생김새도 비슷하고 가격도 일, 이천 원 차이라 그냥 싼 걸 살까 하다가도 그래도 비싼 게 좋지 않을까 하는 마음에 두 치즈를 들었다 놨다 해 본 경험, 한 번쯤은 있으리라. 대체 이름도 요상한 이 치즈들의 정체가 뭐길래 장 보는 이의 마음을 이리도 괴롭히는 것일까?

유럽에서 치즈 종류가 많기로는 프랑스와 어깨를 견주는 이탈리아. 그중에서도 이탈리아 치즈의 왕이라고 불리는 것이 바로 '파르미지아노 레지아노'다. 이탈리아 북부 에밀리아로마냐Emilia-Romagna 주 파르마 지역에서 엄격한 규칙에 의해 생산되는 치즈에만 파르미지아노 레지아노란 이름을 붙일 수 있다. 진하게 풍기는 복잡 다양한 풍미와 폭발하는 감칠맛이 특징이다. 피자집에서 흔히 볼 수 있는 가루 형태의 미국산 파마산 치즈와는 감히 비교할 수 없을 정도다.

그렇다면 그라노 파다노는 무엇인가? 그라노 파다노는 이탈리아 북부에서 광범위하게 생산되는 경질치즈로 파르미지아노와 거의 유사한 제조 과정과 특징을 갖고 있다. 일각에선 그라노 파다노가 파르미지아노에 비해 풍미가 떨어지고 비교적 가격이 낮아 품질이 한 단계 낮은 치즈로 알려져 있는데 이는 대단한 오해다. 어디까지나 그 쓰임새와 특성이 다를 뿐 품질의 우열을 논하기엔 무리가 있다.

우유에 효소를 넣고 56도 정도 온도에서 저어 주면 단백질이 뭉쳐지면서 치즈 덩어리가 만들어진다. 이 덩어리들을 원형틀에 넣고 모양을 잡은 후 소금물에 담갔다가 일정한 시간 동안 건조 숙성을 시키면 치즈가 완성된다.

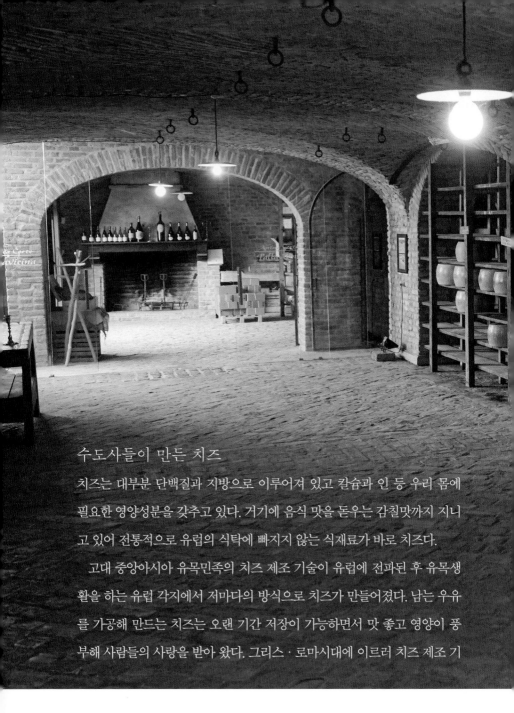

수도사들이 만든 치즈

치즈는 대부분 단백질과 지방으로 이루어져 있고 칼슘과 인 등 우리 몸에 필요한 영양성분을 갖추고 있다. 거기에 음식 맛을 돋우는 감칠맛까지 지니고 있어 전통적으로 유럽의 식탁에 빠지지 않는 식재료가 바로 치즈다.

고대 중앙아시아 유목민족의 치즈 제조 기술이 유럽에 전파된 후 유목생활을 하는 유럽 각지에서 저마다의 방식으로 치즈가 만들어졌다. 남는 우유를 가공해 만드는 치즈는 오랜 기간 저장이 가능하면서 맛 좋고 영양이 풍부해 사람들의 사랑을 받아 왔다. 그리스 · 로마시대에 이르러 치즈 제조 기

술이 급격히 개선되었고 오늘날 유럽에서 흔히 볼 수 있는 전통 치즈의 형태와 제조법은 중세에 완성된 것들이 대부분이다.

그라노 파다노와 파르미지아노는 12세기경 이탈리아 북부의 수도사들에 의해 탄생했다. 만드는 방법을 간단히 살펴보자. 우유에 효소를 넣고 56도 정도 온도에서 저어 주면 단백질이 뭉쳐지면서 치즈 덩어리가 만들어진다. 이 덩어리들을 원형틀에 넣고 모양을 잡은 후 소금물에 담갔다가 일정한 시간 동안 건조 숙성을 시키면 치즈가 완성된다.

이탈리아 북부 에밀리아로마냐 주 파르마 지역에서 엄격한 규칙에 의해 생산되는 치즈에만 파르미지아노란 이름을 붙일 수 있다. 파르미지아노는 이탈리아에서 '치즈의 왕'의 칭호이기도 하다.

두 치즈의 공통적인 특징은 거친 입자감이다. 그라노 파다노에서 '그라노'는 이탈리아어로 곡물 낱알을 뜻하는데, 씹으면 까슬까슬한 단백질 결정이 느껴지기 때문에 붙여진 이름이다. 다른 치즈에 비해 수분이 거의 없어 단단한 특성 덕분에 오래 저장할 수 있고 그로 인한 풍미 또한 남다른 편이다.

비슷하지만 다른 두 치즈의 차이점은 무엇일까? 우선 사용되는 원유가 다르다. 젖소의 종류에 따라 우유의 맛이 달라지고 같은 종류의 젖소라도 무엇을 먹었는지에 따라 맛에 차이가 난다. 일반 곡물 사료를 먹은 젖소의 원유를 사용하는 그라노 파다노에 비해 파르미지아노의 경우 목초를 먹은 특정 젖소의 원유여야 한다는 규정이 있다.

또 다른 차이점은 지방 함량의 정도다. 그라노 파다노는 원유 위에 뜨는 지방을 걷어낸 상태에서 치즈를 만드는 데 비해 파르미지아노는 탈지유와 원유를 섞어 만들어 지방 함량이 비교적 높은 편이다. 장기간 숙성을 통해 풍미가 깊어지는데, 미묘한 풍미 차이는 두 치즈의 지방 함량의 차이라고도 볼 수 있다.

파르미지아노가 에밀리아로마냐 지방 파르마 지역에서만 생산되는 것과는 달리 그라노 파다노는 이탈리아 북부 대부분의 지역에서 광범위하게 만들어진다.

생산량은 그라노 파다노가 월등히 많은 편이다. 생산에 걸리는 시간도 차이가 난다. 그라노 파다노의 경우 지방이 적어 최소 9개월이면 시장에 내놓을 수 있지만 지방 함량이 많은 파르미지아노의 경우 적어도 12개월은 숙성을 시켜야 판매가 가능하다. 두 치즈의 가격 차이는 이 때문이다. 우리가 일반적으로 마트에서 접할 수 있는 두 치즈는 대부분 최소 숙성기간을 거친 어린 치즈들이다. 오래 숙성된 것에 비해 맛은 다소 떨어지지만 그만큼 풍미가 섬세해 요리에 사용하기 좋다.

장기 숙성된 그라노 파다노나 파르미지아노는 그 자체만으로 훌륭한 음식이 된다. 이탈리아에서 강한 술과 함께 식사의 마지막을 장식하는 디저트로 사용되기도 한다.

칼로 썰지 말고 손으로 잘라 맛보라

자, 이제 마트로 다시 돌아와 보자. 어떤 치즈를 사야 할까? 사실 정답은 없다. 여유가 된다면 되도록 두 치즈를 사서 먹어 본 뒤 취향에 맞는 치즈를 찾으라고 권하고 싶다. 강판에 갈아서 파스타와 리소토 맛을 완성하는 조미료로 사용해도 좋고 조각내어 와인 안주로 먹어도 좋다.

중요하지만 누구도 알려주지 않는 한 가지 팁을 알려주자면, 두 경질치즈를 칼로 썰지 말고 그냥 큼직하게 손으로 툭 잘라서 한 입 먹어 보자. 거친 입자감이 살아 있는 경질치즈의 맛을 제대로 느낄 수 있을 것이다.

FLAVOR
R O A D

09

진 열 대 가
없   는
정 육 점

만약 당신이 선대로부터 사업을 물려받는다 치자. 고를 수 있는 선택지는 세 가지다. 첫째는 답습이다. 선대가 하던 걸 그대로 하면 될 일이지만 여기에 만족하는 경우는 드물다. 그래서 대개 두 번째 선택지를 고른다. 바로 혁신이다. 여기에는 덩치를 키우는 양적 성장이나 새 아이디어로 사업을 다변화시키는 질적 성장도 포함된다. 두 번째 선택지는 이상적이지만 자칫 선대가 이룩해 놓은 걸 무너뜨릴 위험을 동반한다. 마지막 선택지는 무엇이냐고? 가장 어려우면서도 쉬운 선택, 포기다.

정육업의 본령을 궁구(窮究)하다

일본 교토 외곽의 후시미구 로쿠지조 역 인근에 흥미로운 정육점이 하나 있다. 고기 진열대가 없는 정육점으로 유명한 '나카세이^{中勢以}'다. 이곳에는 정육점 하면 떠오르는 붉은 조명이나 가지런히 먹음직스럽게 놓인 고기는 눈 씻고 찾아봐도 없다. 벽에 걸린 메뉴판과 고기를 자르는 육절기만이 이곳이 고기를 파는 곳임을 짐작하게 할 뿐이다.

1981년 개업해 올해로 38년째 영업 중인 나카세이 정육점이 처음부터 이랬던 건 아니다. 지금의 나카세이는 창업자인 아버지로부터 정육점을 이어받은 2대 가토 겐이치의 작품이다. 가토는 2015년 기존 정육점 맞은편에 새로운 콘셉트의 정육매장을 선보였다. 그 역시 많은 2세가 그러하듯 두 번째 선택지를 골랐다. 군더더기 없이 깔끔한 매장을 들여다보니 겉멋만 든 2세의 허세가 아닐까 싶은 생각도 들었다. 실제 나카세이를 이용하던 상당수의 단골들도 그렇게 생각했다. 그는 대체 왜 고기 진열대를 없앴을까?

　가토는 양적으로 사업을 확장하기보다는 역으로 업의 본질을 더욱 파고
들었다. '정육업자의 역할이란 무엇인가?' 고민하던 그는 결국 소와 고기,
그리고 사람을 이어주는 데 있다고 봤다. 좋은 고기를 선택하고 숙성을 거
쳐 최상의 상태일 때 판매하는 것뿐 아니라 소비자가 원하는 대로, 가장 맛
있게 먹을 수 있는 방법까지 상세하게 알려주는 것까지가 정육업자의 역할
이라 정의한 것이다.

　소비자들은 정육점에 들어오면 자연스럽게 진열대에 시선이 빼앗기기 마
련이다. 진열대란 판매자의 의도를 담고 있는 공간이다. 재고 상황에 맞춰 소
비자에게 특정 고기를 권유하거나 잘 팔리지 않는 고기에 '파격 세일' 등의
문구를 써 붙여 놓고 구매를 유도할 수도 있다. 이렇게 되면 소비자는 원래

목표와는 다른 고기를 사거나 더 많은 고기를 구매하는 경우가 생긴다.

가토는 이러한 기존의 진열대식 판매가 소비자 중심이 아닌 판매자 위주의 관행이라 봤다. 그는 소비자의 취향과 형편에 따라 맞춤 서비스를 할 수 있는 공간, 즉 소비자와 판매자 사이에 대화의 장을 마련하려는 의도로 진열장을 과감히 없앤 것이다.

정육점에서 조근 조근 나누는 대화가 중요한 이유

나카세이를 찾은 고객은 맨 먼저 정육업자와 반갑게 인사를 나눈다. 이어 언제 어떤 요리를 할지, 무엇이 먹고 싶은지 이야기한다. 정육업자는 고객의 취향과 예산에 따라 몇 가지를 제안한다. 때로는 그날 최상의 컨디션으로 나온 고기를 추천하기도 하고 새로운 조리방식을 권하기도 한다.

가토의 표현을 빌리자면 고객과 정육업자 간의 대화가 중요한 이유는 '맛에 대한 상상력'을 풍부하게 하는 과정이기 때문이다. 소비자는 대화를 통해 자신이 구입한 고기가 어디서 자란 어떤 품종의 소이며 어떤 사료를 먹고 어떻게 자랐는지, 어떻게 숙성을 하고 왜 지금이 가장 맛있는 타이밍인지, 자르는 방식에 따라 식감에 어떤 차이가 있는지, 어떻게 조리를 해야 가장 맛있게 먹을 수 있는지 등에 대한 정보를 고기를 가장 잘 아는 전문가에게 얻는다. 검증되지 않은 조리법이나 정보를 찾기 위해 인터넷을 뒤지며 시간 낭비할 필요가 없다.

가토는 진열장이 있으면 맛에 대한 상상력을 키울 수 있는 유익한 대화의 과정이 상당수 생략된다고 봤다. 애초에 '더 많이 고기를 팔아 최대한 이윤을 남기겠다'가 그가 추구한 본질이 아니기에 가능한 일이었다. 그의 철학에는 충분히 고개를 끄덕일 만하지만 그곳을 이용하는 실제 고객들의 반응은 어떨까?

가토의 나카세이는 새롭고 낯선 판매방식 때문에 기존의 고객을 일부 잃었다. 그러나 대화가 오가면 신뢰가 생기고 정이 쌓이는 법. 그는 자신의 철학을 이해 못하는 고객을 잃은 만큼 그것을 알아주는 새 고객을 얻기도 했다고 전한다.

진열장 없이 대화를 통해 거래가 이루어지는 정육점! 사실 이것만이 나카세이의 전부는 아니다. 소비자와 얼굴을 맞대고 판매하는 일은 도축된 소를 구입해 숙성하고 잘라서 파는 정육업의 과정 중 일부분에 지나지 않는다. 무엇이 또 이곳을 특별하게 하는 것일까?

FLAVOR
ROAD

10

당 신 의
육식 취향을
저 격 하 다

092
—
093

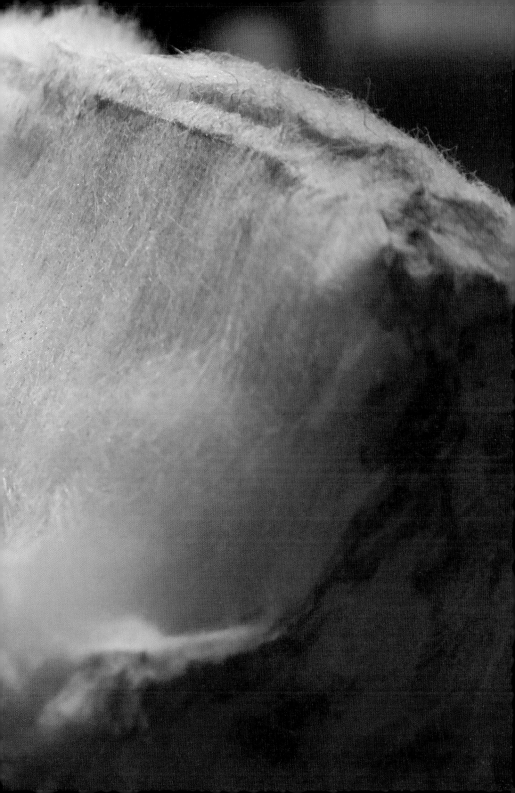

숯불이 이글거리고 있는 불판 앞에 앉아 있는 당신에게 돼지고기 목살 두 접시를 내어놓으려 한다. 한 접시에는 도축된 지 얼마 되지 않은 선홍빛 신선한 목살이, 다른 하나엔 5주 동안 건조 숙성시킨 검붉은 목살이 담겨 있다.

자 여기서 문제. 두 목살 중 구웠을 때 어느 쪽이 더 맛있을까? 숙성육이 맛있다고 하지만 갓 잡은 고기만 할까. 반대로 숙성이야말로 고기 맛을 배가시키는 마법이 아니었던가. 신선육이냐, 숙성육이냐?

미리 정답을 밝히자면, '정답은 없다'이다. 숙성육과 신선육을 놓고 맛의 우열을 논하는 일은 '엄마가 좋아, 아빠가 좋아'를 묻는 것만큼이나 의미가 없다. 맛과 특성이 달라 정답과 오답을 선택할 수 없는, 취향의 영역이기 때문이다.

숙성의 제1 효과는 고기를 부드럽게 하는 연육 작용이다. 그렇잖아도 부드러운 목살이 숙성을 거치면 더욱 부드러워진다. 씹는 맛을 즐기는 이에게 숙성 목살은 그리 현명한 선택이 아닐 수 있다. 어디까지나 고기를 즐기는 자에게 주어진 취향의 문제다.

숙성육이냐, 신선육이냐?

일본 교토 외곽의 후시미구에 있는 작은 동네 정육점 나카세이가 유명세를 얻게 된 건 숙성 덕이었다. 선대 때부터 소고기 건조 숙성, 요즘 말로 드라이에이징을 거친 고기를 선보였다. 소비자들은 다른 곳에서 느끼지 못했던 두드러진 맛의 차이 때문에 이 집을 찾았다. 고기 맛이 유독 좋은 비결은 좋

은 고기를 고르는 눈, 그리고 숙성에 있었다.

숙성은 분명 고기 맛을 한층 더 끌어올리는 효과가 있다. 여러 숙성 방식이 있지만 여기서 언급하는 숙성이란 오로지 건조 숙성이다. 이를 통해 얻을 수 있는 장점은 부드러움이 첫째요, 단백질과 지방의 분해로 인해 맛과 향이 한층 더 강해지는 것이 둘째다. 하지만 건조에 따른 수분 증발과 말라 버린 겉 부분의 손실로 인해 시간에 따라 중량이 줄어들어 단가가 높아지는 게 단점으로 꼽힌다.

드라이에이징 고기라고 하면 주로 소고기가 주인공이다. 돼지나 가금류의 경우 불포화지방산의 산패 속도가 소고기에 비해 빨라 숙성 및 보관을 오래 하지 않는 것이 관행이었다. 대개 숙성을 하는 부위는 등심이나 채끝 등 스테이크용, 구이용 부위다. 그렇지 않아도 비싸고 맛있는 부위가 숙성을 거치면 더 비싸지고 더 맛있어지게 되는 셈이다.

2대째 '나카세이' 정육점을 운영하고 있는 가토 겐이치는 이런 일반적인 숙성 관행을 다른 관점에서 바라봤다. 숙성을 통해 원래 맛있는 부위를 더 맛있게 하는 것도 의미가 있지만, 용도가 한정된 비인기 부위의 가치를 끌어올리고 재발견하는 데 숙성이 효과적이지 않을까 생각했다. 기존의 건조 숙성 기법을 돼지에도 적용시킨 것이다.

그렇다면 저온숙성고에서 온도와 습도만 맞추면 아무 돼지고기나 저절로 맛이 좋아지는 걸까? 가토는 숙성이 질 낮은 고기를 좋은 품질의 고기로 만들어주는 마법은 결코 아니라고 강조한다. 숙성은 숙성을 통해 풍미가 더 나아질 잠재력이 있는 고기, 애초에 숙성에 적합한 품종을 찾아내는 것부터 시작한다.

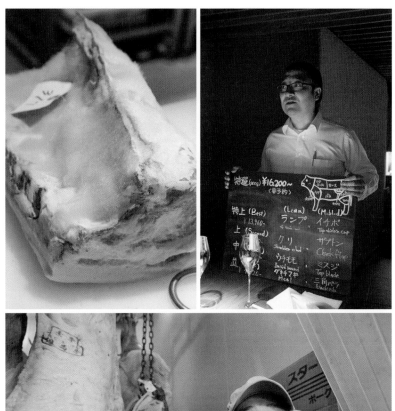

숙성창고에 걸려 있는 돼지고기는 흰 곰팡이로 뒤덮인 것이 특징이다. 인체에 무해한 흰 곰팡이들이
보호막 역할을 해 유해 곰팡이나 박테리아로부터 내부를 보호하고 수분 유실도 막는다

나카세이 정육점을 찾는 소비자는 단순히 '돼지 목살 한 근 주세요'라고 말하지 않는다. 어느 품종의 돼지고기 부위를 얼마나 숙성시켜 어떤 맛이 나는지에 대한 설명을 듣고 난 후 취향에 따라 고기를 구매한다.

당신의 육식 취향을 찾아서

가토는 여러 실험을 거쳐 드라이에이징에 적합한 돼지고기를 찾아냈다. 오키나와산 흑돼지인 '아구'와 미국의 붉은 돼지인 '두록Duroc' 교배종이다. 흑돈과 같은 유색종 계열의 돼지는 백돈에 비해 지방이 치밀하고 근내 수분 함량도 비교적 적어 숙성했을 때 풍미 등에서 더 나은 결과물이 나온다는 게 양돈 전문가들의 평가다.

고기 맛은 근육 자체가 주는 맛도 있지만 지방의 품질이 대부분을 결정한다. 따라서 어떤 품종인지, 어떤 사료를 먹고 자랐는지에 따라 품질이 달라진다. 스페인의 자랑인 하몽 베요타jamon bellota의 깊고 진한 풍미도 도토리를 먹고 자란 유색 종인 흑돼지 이베리코ibérico 종이어서 가능한 결과다. 그가 돼지고기 드라이에이징을 시도한 최초의 인물은 아니지만 분명한 건 나름의 연구 끝에 본인만의 방식을 찾아냈다는 것이다.

가토는 숙성과 절단 방식 등으로 비선호 돼지고기 부위의 맛과 질감을 다르게 하고 특유의 숙성취를 입히는 등 맛의 다변화를 꾀했다. 그의 숙성창고에 걸려 있는 돼지고기는 흰 곰팡이로 뒤덮인 것이 특징이다. 인체에 무해한 흰 곰팡이들이 보호막 역할을 해 유해 곰팡이나 박테리아로부터 내부를 보호하고 수분 유실도 막는다는 게 그의 설명이다.

나카세이 정육점을 찾는 소비자는 단순히 '돼지 목살 한 근 주세요'라고 말하지 않는다. 어느 품종의 돼지고기 부위를 얼마나 숙성시켜 어떤 맛이 나는지에 대한 설명을 듣고 난 후 취향에 따라 고기를 구매한다. 이 또한 정육점에 진열장이 없어 대화가 이루어지기에 가능한 일이다. 당신의 고기 취향을 찾는 동네 정육점, 교토 나카세이 이야기다.

FLAVOR ROAD

TWO

|

최고의 맛을 찾아서

FLAVOR BOY

FLAVOR
ROAD

11

세계 최고의
스테이크를
찾 아 서

스페인 레온Leon 인근의 한적한 시골 마을인 히메네스 데 하무스Jimenez de Jamus. 사방이 끝도 없이 펼쳐진 들판뿐인 이곳에 넷플릭스 다큐멘터리 〈스테이크 레볼루션stake revolution〉에서 세계 최고의 스테이크라고 평가한 식당 '엘 카프리초El Capricho'가 있다. 이곳은 대체 무엇이 특별하길래 세계 최고라는 칭호를 얻었을까?

〈스테이크 레볼루션〉은 꼭 식도락가가 아니더라도 한번쯤 볼만한 흥미로운 작품이다. 프랑스인 제작자는 미국의 유명 스테이크 하우스에서 소고기를 먹고 놀랄 만한 경험을 한다. 그동안 프랑스 스테이크가 최고인 줄 알았는데 그렇지 않았던 것이다. 우리가 늘 '한우가 최고'라는 프레임 속에 갇

혀 있는 것과 마찬가지라고 할까.

제작자는 그 길로 스테이크의 발
상지인 영국과 미국을 비롯해 아르
헨티나, 일본 등을 누비며 세계 최
고의 스테이크를 찾아 나선다. 우리
가 얼마나 작은 세상 속에 사는지,
세상에는 얼마나 다양한 방식의 삶
이 있는지 스테이크를 통해 일깨워
준다.

세계 최고의 소고기를 찾아 마드리드에서 차로 네 시
간을 달려 오후 늦게 시골마을에 도착했다. 그곳에 엘
카프리초가 있었다. 오너이자 셰프인 호세는 나를 데
리고 차를 몰고 광활한 목장으로 향했다.

숙성의 기술

마드리드에서 차를 달려 네 시간이나 걸리는 시골마을을 기꺼이 찾은 것도 이 영상 때문이었다. 오후 늦은 시간 엘 카프리초를 찾았다. 사람들로 붐비는 식당 한편에서 오너이자 셰프인 호세 고르돈Jose Gordon을 만났다. 4대째 가업을 잇고 있는 그는 저녁 식사 전에 갈 곳이 있다며 차를 몰고 어디론가 향했다.

5분가량 달려 도착한 곳은 그의 목장. 경계가 어디까지인지 단번에 알아차릴 수 없을 만큼 드넓은 곳에서 수많은 소들이 풀을 뜯고 있었다. 멀리서 볼 때는 미처 몰랐는데 가까이서 보니 여느 소와 달리 덩치가 어마어마했다. 고르돈 셰프는 그중에 유난히 덩치가 큰 소를 가리키며 말했다. "얘는 13년 된 소입니다."

엘 카프리초의 스테이크가 특별한 이유는 세계에서 가장 오래 키운 소를 사용한다는 점이다. 일반적으로 한우는 3년, 미국은 광우병 위험 때문에 2년을 키운 후 도축하는 데 비해 이곳의 스테이크는 주로 10년에서 15년을 키운 소를 사용한다. 오랫동안 소를 키우는 이유에 대해 묻자 그는 오로지 최고 품질의 소고기를 얻기 위해서라고 답했다. 과연 그게 가능한 일일까?

모든 동물은 나이가 들수록 근육은 치밀해지고 육향이 진해진다. 이 때문에 나이 든 동물은 어린 동물에 비해 육질이 질기고 냄새가 많이 난다는 게 세간의 상식이다. 이는 어린 동물은 부드러운 대신 육향이 진하지 않아 고기 자체의 풍미를 덜 갖고 있다는 말과도 통한다. 고기 맛을 즐기는 스테이크 재료로써는 풍미가 적은 어린 소보다 충분히 오래 키운 소가 더 적합한 셈이다.

그렇다면 질긴 육질은 어떻게 해결해야 할까? 여기서 필요한 것이 숙성

이다. 고기를 건조 숙성시키는 드라이에이징dry aging은 고기의 풍미는 살리면서 육질은 연하게 만들기 위한 방법이다. 고르돈 셰프의 숙성고에는 3~6개월 이상 숙성시킨 고기가 매달려 있었지만 그중에 겉이 새카만 곰팡이로 덮여 있다든가 이취가 나는 건 단 하나도 없었다. 숙성시킨 고기에서 쿰쿰한 치즈향이나 불쾌한 냄새가 난다는 건 드라이에이징을 잘못한 결과라는 게 그의 설명이다.

지방에도 격이 있다?!

우리는 고기 맛이 살코기에서 난다고 생각하지만 사실 대부분의 풍미는 지방에서 비롯된다. 근육에 그물처럼 퍼진 지방, 마블링이 많을수록 맛있다고는

직접 칼을 잡은 고르돈 셰프는 능숙하게
고기를 썰어 접시에 담았다.
스테이크 한점 한점의 풍미는
눈이 휘둥그레질 만큼 깊이가 있고 여운이 오래갔다.
지방은 마치 품질 좋은 버터를 맛보는 듯했다.
손에 꼽을 만한 멋진 경험이었다.

하지만 지방에도 격이 있다. 어린 소와 나이 든 소의 지방, 사료를 먹고 살을 찌운 소와 물을 먹고 자란 소의 지방은 풍미가 다르다. 고르돈 셰프가 그토록 오랫동안 소를 키우는 이유도 지방의 품질을 높이기 위한 나름의 방식이다.

또 하나 흥미로운 건 키우는 소의 종이 각기 달랐다는 점이다. 스페인 각 지방의 토종소를 비롯해 인근 포르투갈산 소도 있었다. 단지 오래 키운 소로 만든 스테이크가 아니라 '7년 사육해 3개월 숙성한 미뇨타^{minhota} 종으로 만든 스테이크', '12년 키우고 6개월 숙성한 사야게사 ^{sayaguesa}로 만든 스테이크'처럼 각각 고유 이름과 연령, 숙성 기간을 명시해 알고 먹는 즐거움을 선사한다는 점도 눈에 띄었다.

과연 맛은 어떨까? 직접 칼을 잡은 고르돈 셰프는 능숙하게 고기를 썰어 접시에 담았다. 스테이크 한점 한점의 풍미는 눈이 휘둥그레질 만큼 깊이가 있고 여운이 오래갔다. 지방은 마치 품질 좋은 버터를 맛보는 듯했다. 손에 꼽을 만한 멋진 경험이었다. 다만 풍미가 옅은 소고기를 많이 먹는 한국인의 방식과는 어울리지 않겠다는 생각이 들었다.

그들의 방식이 무조건 옳고 우리는 그르다는 생각은 할 필요가 없다. 어린 소는 어린 소대로, 오래 키운 소는 그 나름의 맛과 가치가 존재한다. 다만 다른 방식으로 소를 키우고 요리한 이곳의 스테이크는 꼭 한 번 맛봐야 할 가치가 충분히 있다. 맛에는 한 가지 정답만 있진 않다는 걸 온몸으로 느낄 수 있기 때문이다.

FLAVOR
ROAD

12

가을바다를
품   은
맛

가을이 되면 슬그머니 따라붙는 말이 있다. 하늘이 높아지고 말이 살찐다는 '천고마비天高馬肥'나 '집 나간 며느리도 돌아오게 만드는 전어구이' 같은 속어다. 해마다 여기저기서 나오는 말이기에 새로울 것 없는 빤한 레퍼토리지만 제법 흥미로운 공통점이 있다. 가을날 말과 전어 둘 다 살이 오동통 찐다는 사실이다.

육지동물이나 생선 가릴 것 없이 가을이 되면 다가올 겨울을 나기 위해 지방을 켜켜이 쌓아 둔다. 가을이 수확의 계절인 이유도 긴 겨울을 준비하라는 자연의 신호인 셈이다. 바야흐로 가을은 만물이 살이 찔 수밖에 없는 계절이다.

새 집에 새 살이 들어차는 시기

바람이 쌀쌀해지면 제철을 맞는 해산물은 비단 전어뿐만이 아니다. 특히 우리나라 연안에서 잡히는 꽃게와 대하 등 갑각류甲殼類의 맛이 도드라지는 시기이기도 하다. 뼈가 바깥에 있다고 해 불리는 갑각류는 탈피를 통해 성장한다. 여름 사이 허물을 벗고 새 껍질을 만드는 데 온 힘을 쏟는다. 모든 영양분을 자라는 데 사용하니 여름철에는 아무래도 맛이 좋을 리가 없다.

새 집에 새 살이 단단하게 들어차는 시기가 바로 가을이다. 새우는 요즘 양식도 하거니와 동남아산 냉동새우 덕에 사시사철 살이 꽉 찬 새우를 맛볼 수 있게 됐다. 그렇지만 제철을 맞은 신선한 새우만큼이야 할까.

갑각류의 생김새를 한 번 자세히 들여다본 적이 있는가? 아무리 쳐다봐도 곤충의 외형과 닮았다. 실제로 갑각류는 곤충과 같은 절지동물에 속한

다. 이 때문에 생김새에 대한 호오好惡는 있을지 몰라도 맛에 대해서만큼은 이견이 없으리라. 고기나 생선에서는 느낄 수 없는 '경쾌한 달콤함'은 갑각류에서만 느낄 수 있는 맛이다.

이 특유의 단맛은 아미노산amino acid, 그중에서도 글리신glycine의 영향이다. 딱딱한 외피로 인해 먹는 데 상당한 수고가 따르지만 기꺼이 체면을 내려놓고 껍질을 까는 데 집중할 수 있는 것도 다 달짝지근한 속살을 맛보겠다는 생각 때문이다. 콜레스테롤 함유량이 높아 한때 고혈압을 일으키는 '악의 축' 취급도 받긴 했지만 갑각류는 여전히 누구에게나 인기가 높은 식재료다.

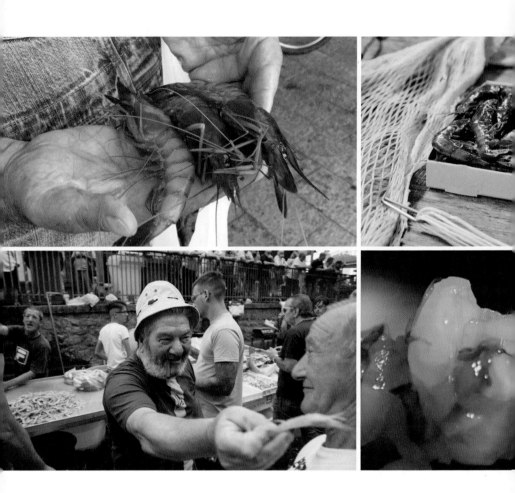

육지동물이나 생선 가릴 것 없이 가을이 되면
다가올 겨울을 나기 위해 지방을 켜켜이 쌓아 둔다.
가을이 수확의 계절인 이유도
긴 겨울을 준비하라는 자연의 신호인 셈이다.
바야흐로 가을은 만물이 살이 찔 수밖에 없는 계절이다.

유럽 사람들도 갑각류를 좋아하긴 매한가지다. 먹는 방식도 우리와 크게 다르지 않다. 주로 굽거나 찌거나 튀기는 식이다. 지중해나 대서양 연안에서는 한국이나 일본처럼 신선한 새우를 날것으로 먹기도 한다. 특히 이탈리아의 '감베로 로쏘gambero rosso'라고 불리는 새빨간 새우가 유명하다.

익히지 않아도 선명한 붉은색을 띠는데, 생으로 먹었을 때 가장 맛이 좋다. 우리와 다른 한 가지가 있다면 우리는 먹지 않는 부위를 활용한 훌륭한 요리 유산을 갖고 있다는 점이다. 바로 갑각류 껍질을 활용해 만든 비스크bisque 소스다.

비스크 소스는 해산물 요리에서 깊은 풍미를 주는 포인트로 쓴다. 프랑스와 이탈리아 요리 구분할 것 없이 자주 사용되는 소스 중 하나다. 원래는 조개나 갑각류로부터 진한 육수를 뽑아내 만든 해산물 수프에서 비롯됐다. 갑각류로 만든 해산물 수프를 오랫동안 졸여 농축시키면 강렬한 맛의 비스크 소스가 된다.

비스크란 이름과 관련해서는 몇 가지 설이 있다. 갑각류를 한 번 볶은 후에 오랫동안 끓이는지라 두 번 조리했다는 프랑스어에서 비롯되었을 것이란 견해와 프랑스 서부와 스페인 북부를 맞대고 있는 비스케이만Bay of Biscay 지역 요리에서 유래됐다는 주장이 있다. 유래에 대해 의견이 분분하다는 건 맨 처음 누가 레시피를 고안해냈는지 알 수 없다는 말과도 통한다. 명칭이나 풍미를 추출해내는 조리방식으로 보건대 프랑스인의 피가 흐르는 요리임에는 분명해 보인다.

살만 발라내고
껍질과 머리를 버리는 건
갑각류를 절반만 먹는 것과 같다.
고기나 생선에서는 느낄 수 없는
'경쾌한 달콤함'은 갑각류에서만
느낄 수 있는 맛이다.

바다의 풍미를 머금은 소스

식당마다 차이는 있지만 비스크 소스라 하면 대부분 갑각류의 껍질과 내장을 이용해 만든 소스를 의미한다. 새우의 경우 풍미의 원천인 내장이 들어 있는 머리와 살을 발라낸 껍질을 모두 사용한다. 살만 발라내고 껍질과 머리를 버리는 건 갑각류를 절반만 먹는 것과 같다. 버터나 오일에 껍질과 머리를 볶으면 지용성인 껍질 안 붉은 색소와 풍미가 우러나온다. 여기에 맛의 바탕을 깔아 주는 양파와 당근, 셀러리, 즉 미르푸아(22쪽)를 넣고 다시 한 번 볶은 후 다시 끓여 곱게 갈아 주면 깊은 감칠맛과 바다의 풍미를 한껏 머금은 비스크 소스가 완성된다.

주로 쉽게 구할 수 있는 새우를 사용하는데, 상황에 따라 게나 랍스터 등을 이용해 비스크 소스를 만들기도 한다. 가장 풍미가 진한 건 랍스터 비스크 소스다. 살을 발라낸 다음 머리와 껍질만 끓여도 게나 새우와는 비교할 수 없는 깊이의 육수가 우러나온다. 랍스터 육수와 비스크 소스로 파스타를 비벼낸 후 발라낸 살을 고명으로 얹으면 저 깊은 바닷속까지 박박 긁어 먹는 듯한 풍미를 느낄 수 있다. 역시 비싼 데엔 다 이유가 있는 법이다.

FLAVOR
ROAD

13

굴 의
문 화 사

파리에서 기차로 세 시간, 거기서 또 자동차로 30분을 달려 도착한 곳은 캉칼Cancale이라는 작은 어촌마을. 당일치기로 왕복 600km가 넘는 수고를 기꺼이 감수한 건 프랑스 최대의 굴 양식장이 위치한 곳이기 때문이다. 프랑스의 수도는 파리지만 '브르타뉴Bretagne 굴의 수도는 캉칼'이라는 말이 있다. 굳이 비유하자면 '프랑스의 통영'이라고 할까.

캉칼에서 가장 눈에 띄는 풍경은 7km 길이의 해안선을 따라 광활하게 펼쳐진 굴 양식장이다. 테이블 형태의 골조에 사각형으로 생긴 그물망을 올려놓았다. 우리나라 서해 일부 지역에서도 사용되는 이른바 수평망 양식법이다.

굴 유생이 부착된 줄을 깊은 바다에 매달아 키우는 우리나라 남해안의 수하식과는 사뭇 다른 방식이다. 이곳에서는 6개월 정도 자란 굴을 그물망에

넣고 재배한다. 수확할 때는 그물망만 들어 옮겨 트랙터에 실으면 되니 배
로 옮기는 것보다는 수월한 방법이다.

기괴한 생명체의 매력에 빠진 사람들

양식장이 한눈에 보이는 곳 한켠엔 싱싱한 굴을 파는 노점이 자리잡고 있
다. 얼핏 익숙한 풍경이다. 이곳에서는 한 다스에 4.5~6유로 정도 되는 가격
으로 다양한 크기의 굴을 판매한다. 굴 값이 저렴하기로 소문난 곳에 사는
한국인들조차 눈을 의심케 하는 가격이다. 기왕 여기까지 왔으니 굴로 배를
채우자 싶어 내친김에 네다섯 접시를 산 후 근처 아무 데나 걸터앉아 굴을
까먹기 시작했다.

존 싱어 사전트(John Singer Sargent, 1856~1925), 〈캉칼에서의 굴 채집〉, 1878년, 40.9×60.9cm,
캔버스에 유채, 보스턴 미술관

프랑스인의 굴 사랑은
존 싱어 사전트의 그림에서도 엿볼 수 있다.
프랑스의 곳곳을 여행하며 풍속화를 그렸던 화가는,
작은 어촌마을 캉칼에서 굴 채집에 나선 사람들의 모습을
사실적이면서도 서정적으로 묘사했다.
특히 바지를 무릎 위까지 걷어 올리는 아이의 모습이
퍽 인상적이다.

왔을 때는 미처 몰랐지만 벤치 앞에 하얗게 펼쳐진 건 백사장이 아니라 굴 껍데기 무더기였다. 굴 하나를 손에 들고 후루룩 마신 뒤 껍질을 아무 데나 던져버리는 그 쾌감이란! 전 세계 해안가에는 종종 굴 껍데기 무덤이 발견된다는데 그 이유를 알 법도 했다.

굴의 생김새를 자세히 들여다보면 맛과는 꽤 거리가 있어 보인다. 『삼총사The Three Musketeers』를 쓴 프랑스의 작가 알렉상드르 뒤마Alexandre Dumas, 1802~1870는 굴을 두고 "연체동물 가운데 자연의 혜택을 가장 받지 못했다"고 했다. 머리도 눈, 코, 입도 없고 움직이지도 않으며 오로지 먹고 잠만 자는 이 생물을 기이하게 본 사람은 뒤마뿐만이 아니었다.

음식 과학자 해럴드 맥기Harold McGee는 "우리가 먹는 동물 가운데 가장 이상하게 생겼다"고 평했고, 『걸리버 여행기Gulliver's Travels』를 쓴 아일랜드의 소설가 조너선 스위프트Jonathan Swift, 1667~1745는 "굴을 가장 먼저 먹은 사람은 용기 있는 사람이었을 것"이라고도 했다. 도대체 누가 이 이상한 생명체를 먹어 볼 생각을 했을까?

굴에 대한 기록 중 가장 오래된 건 고대 그리스 때의 기록이다. 먹고 남은 굴 껍데기를 투표용지로 썼다고 하니 얼마나 그리스인다운가. 굴을 최상의 미식재료로 격상시킨 건 로마인들이었다. 전 세계 온갖 산해진미를 구하는 데 혈안이었던 로마의 귀족들은 프랑스 북부 해안가에서 자란 굴이 유독 맛이 좋다는 걸 알고 있었다. 로마의 세네카Seneca, BC4~AD65와 프랑스의 앙리 4세Henri IV, 1553~1610, 루이 14세Louis XIV, 1638~1715와 나폴레옹Napoléon Bonaparte, 1769~1821 등 당대 내로라하는 식도락가들은 굴에 이상하리만큼 각별한 애정을 보이기도 했다.

캉칼에서 맛 본 통영 굴?

19세기까지도 프랑스 굴은 유럽에서 독보적인 명성을 얻었다. 수요가 늘자 영원히 풍부할 것만 같았던 굴의 수확량은 급격하게 줄기 시작했다. 이미 굴 양식을 하고 있었던 프랑스였지만 수요를 감당하기에는 벅찼다. 프랑스 산 토종 굴이 멸종되다시피 하자 굴 양식업자들은 포르투갈산 굴을 들여왔 다. 프랑스산 굴의 자리를 포르투갈산 굴이 대체한 것이다

한 세기 동안 프랑스인들은 프랑스산 굴이 아닌 포르투갈산 굴을 먹어 왔 다. 하지만 그것도 잠시, 1970년대 포르투갈산 굴이 질병에 걸리면서 생산 이 급감하자 굴 생산자들은 새로운 방법을 찾아야 했다. 아시아로 눈을 돌 린 그들이 찾은 것은 '태평양 굴'이라 불리는 '참굴'이다. 참굴은 우리나라 에서 주로 생산되는 종이기도 하다. 태평양 굴은 유럽 굴에 비해 질병에 강 하고 맛도 더 좋았다. 다행히 포르투갈산 굴과 태평양 굴은 모양과 맛이 비 슷해 자연스럽게 프랑스 시장에 안착할 수 있었다. 즉 캉칼에서 먹었던 굴 은 키운 바다만 다를 뿐 남해안 통영에서 먹은 굴과 같은 종이었던 셈이다.

오늘날 프랑스는 매년 15만의 굴을 생산한다. 유럽산 굴의 90%에 달하는 물량이다. 이 중에서 98%는 태평양 굴이고 나머지 2%는 껍데기가 둥근 유 럽 굴이다. 유럽 굴은 확실히 익숙한 굴 맛과는 달랐다. 태평양 굴이 싱그러 운 오이 향, 해조류 향이 지배적이라면 유럽 굴은 약한 금속 맛이 묘한 이질 감을 준다고 할까.

'귤이 회수를 건너면 탱자가 된다'는 말이 있다. 그만큼 기후와 풍토가 식 재료에 주는 영향은 크다. 귤과 탱자만큼은 아니지만 다른 곳에서 자란 같은 식재료의 맛이 궁금하다면 캉칼에 가 볼 이유는 충분하다.

아일랜드의 소설가 조너선 스위프트는,
"굴을 가장 먼저 먹은 사람은
용기 있는 사람이었을 것"이라고 했다.
도대체 누가 이 이상한 생명체를 먹어 볼 생각을 했을까?

FLAVOR
ROAD

14

파 리 의
아 티 장
정 육 업 자

오늘날 파리에서 가장 좋은 품질의 고기를 사고자 한다면 선택지는 두 가지다. '이브 마리 르 부도넥Yves-Marie Le Bourdonnec'과 '우고 드누아이에Hugo Desnoyer'. 얼핏 들으면 유명 패션 브랜드 이름 같지만 이 둘은 스타 셰프들 못지않게 유명한 '스타 정육업자'다. 파리 시내에서 각자의 이름을 딴 정육점을 운영하고 있다. 스타 셰프는 그렇다 쳐도 스타 정육업자라니. 자타 공인 미식의 수도인 파리에서라면 그렇게 이해가 안 되는 일도 아니다.

이들은 '아티장artisan' 푸주한이다. 아티장을 우리말로 옮기면 장인 정도 될까. 품질에 대한 철저한 고집으로 누구도 흉내 낼 수 없는 자신만의 제품을 생산하는 이들에게 아티장이라는 이름이 주어진다. 음식의 영역에선 아티장 치즈, 아티장 베이커리 등이 있다. 한데 정육업자란 그저 고기를 잘라서 파는 이들이 아니었던가. 완결된 제품을 파는 것도 아닌데 장인이라는 칭호는 좀 과한 게 아닐까? 파리에서 가장 핫한 정육점 중 한 곳을 방문해

우고 드누아이에 정육점

보고 나서야 알게 됐다. 그런 생각은 무지에서 나온 편견이었다는 걸.

누가 감히 그들을 천하다고 하랴

우고 드누아이에는 입지전적 인물이다. 그의 이야기 중 흥미로운 대목은 정육업을 선택하게 된 이유다. 그의 아버지는 뭘 잘하는지 모르는 아들을 위해 짬이 날 때마다 직업 체험을 시켰다. 마침 아버지의 친구가 정육점을 운영했고 그곳에서 며칠간 일을 해본 우고는 그 일이 자신의 길이란 걸 단숨에 알 수 있었다고 한다. 그때가 그의 나이 열다섯 살 되던 무렵이었다.

정육을 본격적으로 배운 그는 좋은 품질의 고기를 찾기 위해 프랑스 전역의 초원을 누비고 다녔다. 1998년 아내와 둘이서 자신의 이름을 건 정육점을 열었는데, 머지않아 그는 곧 피에르 가니에르^{Pierre Gagnaire}, 베르나르 파코^{Bernard Pacaud} 등 스타 셰프들의 러브콜을 받는 유명인사가 됐다. 이유는 탁월한 고기 품질 때문이었다. 가게를 확장하고 동명의 레스토랑을 열기까지는 그리 오랜 시간이 걸리지 않았다.

과거 한국에서는 고기를 다루는 이들을 백정이라 하여 천대했다. 이런 사정은 유럽도 마찬가지였다. 중세 교회에서는 푸주한의 일을 더러운 짐승의 피로 얼룩진 사악한 일로 규정했다. 요즘은 도축하는 일이 따로 분리돼 있지만 고기를 판매하는 정육업자를 바라보는 시선은 문화권을 막론하고 꽤 오랜 시간 곱지 않았다. 그런 맥락에서 보면 스타 정육업자의 등장은 혁명적인 일이다. 수천 년간 멸시받던 일이 이제는 대중의 존경과 선망을 받는 대상이 된 것이다.

프랑스 요리를 발전시킨 숨은 공로자들

우고와 이브 마리의 행보를 가만히 살펴보면 정육업자의 역할이란 단순히 받아 온 고기를 잘라서 파는 게 전부가 아님을 알 수 있다. 요리사가 좋은 요리를 만들려면 좋은 재료가 필요한 것처럼 좋은 고기를 팔기 위해서는 건강하고 잘 키운 동물이 필요하다. 이들이 스타 정육업자, 아티장으로 불릴 수 있었던 건 사육부터 도축까지의 과정을 철저히 살핀 후 고기를 선택하는 고집스러운 철학이 있기에 가능한 일이다. 그들은 자연 방목을 통한 동물복지를 추구함은 물론 사료와 먹는 물까지 꼼꼼히 신경을 써야만 좋은 품질의 고기를 얻을 수 있다고 강조한다.

건강하게 잘 자랐다고 해서 모두가 좋은 품질의 고기가 되는 건 아니다. 도축 방식에 따라서도 고기의 품질이 크게 달라진다. 스트레스를 받은 동물은 체내 아드레날린adrenaline 수치가 높아져 색이 옅고 흐물흐물해진다. 이런 고기로는 요리를 해도 제 맛이 나지 않는다. 잘 도축된 것과 그렇지 않은 것을 구별해 내는 것뿐만 아니라 고기를 최상의 상태로 숙성하거나 보관하는 일도 정육업자의 몫이다. 최고 품질의 고기를 만들어 낸다는 건 사육부터 도축, 관리까지 모든 과정이 완벽해야 가능한 일이다.

고기를 분할하는 정형도 중요한 작업이다. 정육점 매대는 그 나라의 식문화를 들여다볼 수 있는 창이기도 하다. 식문화에 따라 정형 방식이 결정되기도 하지만 정형 방식이 요리법을 한정시키기도 한다. 서양 정육점의 경우 고기에 지방과 뼈가 붙어 있거나 구이나 스테이크용으로 큼지막하게 썰어 있는 게 대부분이다. 고기를 덩어리째 요리하기에 우리처럼 얇게 슬라이스한 정육은 찾기가 어렵다.

snoyer,
er
des
es

u métier

re
sion

féré
ation
ntôt

ens...

ard si
lsé sur
che ja-
l'ado et
hique,
pro est
vie aux
et aux
il faut
oiter.
d, chez
donne
eur du
qualité
ordeau,
gras et
n d'un

vre sa

Actu

▶ Il exporte désormais ses produits vers Hongkong.
▶ Il signe, avec François Simon, *Hugo Desnoyer, un boucher tendre et saignant* (Assouline, 19 €). Dans cet ouvrage, qui vient de paraître, abondamment illustré, il raconte la passion et les travers de son métier, les embûches, sa façon de travailler, l'art de la découpe, le respect des bêtes depuis l'élevage, la nourriture, l'abattage sans stress, la maturation, la cuisson...
▶ Fin 2010, il fera partie du jury dans la catégorie boucherie, de l'émission *Espoir de l'année*, sur M6.
▶ Il ouvrira l'an prochain un restaurant avec Alain Senderens et son chef Jérôme Banctel, dont le but sera de remettre les bas morceaux (collier, queue de bœuf...) au goût du jour.
▶ Régalez-vous.com
45 rue Boulard,
Paris XIVe
Tél. : 01 45 40 76 67.
Fermé le dimanche et le lundi.

우고는 좋은 품질의 고기를 찾기 위해 프랑스 전역의 초원을 누비고 다녔다. 1998년 아내와 둘이서 자신의 이름을 건 정육점을 열었는데, 머지않아 그는 피에르 가니에르, 베르나르 파코 등 스타 셰프들의 러브콜을 받는 유명인사가 됐다.

première boucherie avec Chris, sa compagne. « Sans elle, je n'y serais jamais arrivé », appuie-t-il. Ils travaillent comme des acharnés, six jours sur sept et, le dimanche, sillonnent l'Hexagone « pour trouver les bonnes bêtes chez les bons éleveurs ». Au début, c'est Manuel Martinez (*Le Relais Louis XIII* à Paris) qui lui fait confiance. Puis Gagnaire, Pacaud (*L'Ambroisie*), Bernet (*Le Severo*) passent commande. Senderens, Ducasse, Passard, Robuchon, pour ne citer qu'eux, s'ajoutent à sa clientèle. Et il est fier de dire qu'il a créé un emploi par an depuis ses débuts.

Ce qui le révolte
Le manque d'information sur l'origine des viandes françaises. « Aujourd'hui,

pour que tout le monde puisse manger de la viande, on se fout de sa provenance du moment qu'elle ne coûte pas cher et soit accessible au plus grand nombre. Je suis contre l'industrialisation, l'élevage intensif. Jamais je ne mangerai un foie de veau, un os à moelle... s'ils ne viennent pas de chez moi, tant j'ai peu confiance dans ce que l'on trouve. »

Ce qui le rassure
« Grâce aux médias, je pense que l'image du boucher est en train de changer. Le Syndicat de la boucherie et la Confédération de la boucherie ont fait des efforts quant aux salaires et à la pénibilité du métier pour le rendre plus attractif. » ○

VALÉRIE VIALLET-FAUST

정육점 매대는 그 나라의 식문화를 들여다볼 수 있는 창이기도 하다. 식문화에 따라 정형 방식이 결정되기도 하지만 정형 방식이 요리법을 한정시키기도 한다.

현대 프랑스 요리를 진보시키는 데엔 정육업자들의 공이 있었다. 몇몇 진보적인 정육업자가 해부학에 대한 정확한 지식을 바탕으로 부위의 특성에 따라 정형을 시도하고 그에 따른 새로운 조리법을 요리사와 함께 연구한 것이다.

대형마트나 슈퍼마켓의 저렴한 정육코너에 밀려 소형 정육점들이 사라지고 있는 건 유럽도 마찬가지다. 가격이 아니라 품질로 경쟁하는 아티장 정육 문화는 규모의 경제에 휩쓸려 경쟁력을 잃어가는 소규모 정육점들이 살아남기 위한 사실상 유일한 선택지가 아닐까.

오도레 도미에(Honoré Daumier, 1808~1879), 〈푸줏간〉, 1857년, 소묘, 33.5×24.5cm

과거 유럽에서는 푸주한의 일을
더러운 짐승의 피로 얼룩진 사악한 행위로 규정했다.
요즘은 도축하는 일이 따로 분리돼 있지만
고기를 판매하는 정육업자를 바라보는 시선은
문화권을 막론하고 꽤 오랜 시간 곱지 않았다.
고단한 서민들의 삶을 그렸던 프랑스 풍속화가 도미에는
푸주한을 소재로 연작을 남기기도 했다.

FLAVOR
ROAD

15

수 도 원 에 서
만   든
천 국 의   맛

이름도 희한한 그것의 존재를 처음 알게 된 건 기자 초년병 시절, 저녁 어스름이 깔린 을지로 노가리 골목에서였다. 생맥주 한 잔을 쭉 들이켠 선배는 잔을 내려놓자마자 대단한 비밀이라도 알려주는 양 실눈을 뜨더니 나지막한 목소리로 말했다.

"너 트라피스트라고 알아?"

선배의 말인즉 서울역 인근의 작은 맥줏집에서 트라피스트, 일명 수도원 맥주라는 것을 파는데 맛도 최고, 가격도 최고라고 했다. 수도원에서 맥주를 만든다는 것도 신기한데 맛도 훌륭하다니, 마치 비밀결사단체 같은 이름의 그 맥주를 언젠가 먹어 보겠노라 다짐했지만 기회는 오지 않았다. 그렇게 기억 한편에 고이 묻어 둔 채 시간이 흘렀다.

궁극의 맥주

트라피스트와의 첫 만남은 전혀 예상하지 못한 곳에서 이뤄졌다. 이탈리아로 날아와 주방에서 일하던 어느 날, 1년에 한 번 크게 열리는 마을 맥주축제에서였다. 무심코 마신 맥주 맛에 깜짝 놀라 뒤로 나자빠질 뻔 했는데 알고 보니 그게 바로 수도원 맥주였다.

맥주 한 모금에서 적어도 열 가지 이상의 풍미가 파도처럼 차례차례 몰아치는 황홀감이란! 인생을 둘로 나눈다면 아마도 그 맥주를 맛보기 전과 후가 되지 않을까 싶은 잊지 못할 경험이었다.

결국 트라피스트를 쫓아 맥주의 성지, 벨기에로 가기로 결심했다. 훗날 벨기에의 수도 브뤼셀에 도착하고 나서야 알게 됐다. 내가 그때 마셨던 건

네덜란드의 수도원 맥주였다는 사실을.

요즘과 달리 불과 수년 전까지만 해도 트라피스트는 맥주 마니아들 사이에서 아는 사람만 아는 궁극의 맥주로 통했다. 트라피스트는 이름 그대로 트라피스트Trappist 수도회 산하의 양조장에서 만들어내는 맥주를 뜻한다. 그런데 신을 모시는 신성한 종교단체에서 술을 만들다니, 그래도 되는 걸까?

유럽의 역사를 살펴보면 수도원이 술을 만드는 게 그리 이상한 일이 아님을 알 수 있다. 유럽에서 수도원은 종교시설 뿐 아니라 생산시설의 역할도 겸했다. 포교를 위해 유럽 곳곳에 생겨난 수도원은 대부분 양조장을 갖고 있었다. 공중위생 개념이 생기기 이전 유럽에서 술은 일종의 정수 역할을 했다. 자칫 오염된 물을 먹고 목숨을 잃는 경우가 많았는데, 물을 포도주나 맥주 등의 발효주와 함께 섭취하면 취할지언정 위생상으론 비교적 안전했다. 양조를 위해서는 기술뿐 아니라 대규모 시설과 노동력이 필요했는데, 중앙집권화가 되지 않았던 당시 유럽에서 수도원 말고는 딱히 이 기능을

할 수 있는 곳이 없었다.

특히 '노동하는 것이 곧 기도하는 것'이라는 계율을 가진 시토회^{Cistercian} 수도원은 자급자족이 원칙이었다. 수도원은 소유한 과수원과 밭, 목장에서 수확한 농작물을 가공해 직접 소비하거나 판매했다. 맥주도 그 중 하나였다. 17세기 무렵 시토회가 추구하던 경건한 정신을 부활시키고자 프랑스에서 트라피스트회가 만들어졌고 이것이 트라피스트 맥주의 시작이었다. 당시 최고의 지식집단이었던 수도원에서 양조기술을 발전시켜 고품질의 맥주와 와인을 만들어 냈다.

그 시절 맥주 맛이 그대로 전해졌다면 좋으련만, 오늘날 맛볼 수 있는 트라피스트 대부분은 현대에 와서 완성됐다. 중세의 맛과는 차이가 있다는 뜻이다. 유럽이 두 차례의 세계대전을 거치면서 많은 수도원 양조 맥주의 명맥이 끊겼다. 특히 전쟁물자 동원을 위해 양조장의 금속이 징발되면서 생산시설 자체가 사라진 경우가 많았다.

겨우 살아남은 소수의 양조장은 고난을 보상받기라도 하듯 20세기 들어 빛을 보기 시작했다. 맥주 장인인 수도사가 전통방식으로 만들어낸, 혹은 누구도 흉내 낼 수 없는 레시피로 만들어진 맥주라는 이미지가 더해지면서 미국과 독일이 장악하고 있는 맥주시장에서 수도원 맥주는 큰 인기를 끌었다.

천국의 맛 혹은 지옥의 맛

트라피스트가 상업적으로 인기를 누리자 너도나도 수도원 맥주를 자처하는 짝퉁들이 생겨났다. 이에 위기감을 느낀 트라피스트 수도원들은 1997년 국제트라피스트협회를 만들었다. 이후 협회의 엄격한 인증을 받은 맥주에만 육각형의 트라피스트 로고를 붙일 수 있게 됐다. 초기에는 여덟 곳으로 시작했지만 지금까지 공인된 트라피스트 맥주 양조장은 모두 열두 곳이다. 벨기에에 여섯 곳, 네덜란드에 두 곳, 오스트리아와 미국, 이탈리아, 영국에 각각 한 곳이 있다.

재미있는 건 정작 트라피스트회가 탄생한 프랑스에는 협회의 인증을 받은 양조장이 한 군데도 없다는 사실이다. 2018년 영국 레스터셔^{Leicestershire} 주의 세인트 버나드^{Saint Bernard} 수도원이 새로운 트라피스트회 멤버로 승인되면서 양조를 시작하겠다고 밝혔다. 올여름쯤에 영국을 방문한다면 열두 번째 트라피스트 맥주를 맛볼 수도 있겠다.

트라피스트는 각 양조장마다 맛과 개성이 확연히 달라 호오^{好惡}가 분명한 편이다. 누군가에게는 종교적인 체험에 가까운 황홀감을, 누군가에게는 단테^{Dante Alighieri, 1265~1321}의 『신곡』에 나오는 연옥에 들어선 기분을 선사해 준다.

이 트라피스트에 영감을 받은 많은 양조장에서는 이른바 수도원 스타일의 맥주를 만들어내고 있다. 어떤 것들은 트라피스트 이상의 놀라운 맛을 보여 주기도 하기에 꼭 인증을 받은 맥주만을 고집할 필요는 없어 보인다. 그래도 그 맛이 궁금하다면? 한국에서도 근래엔 트라피스트 맥주를 취급하는 곳이 꽤 늘었다. 의외로 천국은 우리 가까이에 있었다.

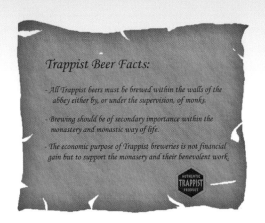

Trappist Beer Facts:

- *All Trappist beers must be brewed within the walls of the abbey either by, or under the supervision, of monks.*

- *Brewing should be of secondary importance within the monastery and monastic way of life.*

- *The economic purpose of Trappist breweries is not financial gain but to support the monasery and their benevolent work.*

국제트라피스트협회의 엄격한 인증을 받은 맥주에만 육각형의 트라피스트 로고를 붙일 수 있다.

'노동하는 것이 곧 기도하는 것'이라는
계율을 가진 시토회 수도원은
자급자족이 원칙이었다.
수도원은 소유한 과수원과 밭,
목장에서 수확한 농작물을 가공해
직접 소비하거나 판매했다.
맥주도 그 중 하나였다.
17세기 무렵 시토회가 추구하던
경건한 정신을 부활시키고자
프랑스에서 트라피스트회가 만들어졌고
이것이 트라피스트 맥주의 시작이었다.

FLAVOR
ROAD

16

미 각 의
계 절

한번 상상해 보자. 날짜와 시간을 알리는 달력도 시계도 없던 시절, 사람들은 계절의 변화를 어떻게 인식했을까? 가장 직감적인 건 피부로 느껴지는 공기의 온도다. 따스함과 싸늘함 사이에서 사람들은 시간이 흐르고 계절이 변했다는 걸 알 수 있었으리라. 무성한 풀잎과 꽃이 피고 지는 동안 바뀌는 풍경 또한 계절을 알리는 신호다.

촉각과 시각 말고도 계절을 느낄 수 있는 또 다른 방법이 있다. 바로 식탁 위, 입안에서다. 사계절 중에서 유난히 미각을 자극하는 계절이 있으니 바로 가을이다. 가을은 미식가들이 손꼽아 기다리는 계절이다. 다른 계절에서는 쉬이 느끼기 힘든 진하고 깊은 풍미를 가진 재료들을 맛볼 수 있는 시기이기 때문이다.

식탁 위 가을의 전령

'미식의 나라'답게 이탈리아의 가을은 '미각의 계절'이라 불릴 만큼 지천에 맛 좋은 식재료들로 넘친다. 덕분에 가을은 이탈리아의 셰프들에게 가장 바쁜 계절이기도 하다.

이탈리아 식탁에서 느낄 수 있는 가을의 전령은 뭐니 뭐니 해도 포르치니porcini 버섯이다. 우리나라로 치면 자연산 송이쯤 되는 위상이랄까. 몸통은 통통하고 갓 부분은 마치 햄버거 빵의 윗부분처럼 도톰하다. 날씬한 다른 버섯과 달리 푸짐한 모양새 덕에 '돼지 버섯' 즉, '풍기 포르치니'란 이름을 얻었다. 포르치니는 이탈리아어로 '돼지 같은'이기도 하다.

이탈리아의 포르치니와 한국의 송이버섯은 각각 그물버섯목과 주름버섯

이탈리아의 가을은 '미각의 계절'이라 불릴 만큼
지천에 맛 좋은 식재료들로 넘친다.
덕분에 가을은 이탈리아의 셰프들에게
가장 바쁜 계절이기도 하다.

목으로 종류는 엄연히 다르지만 유사한 점이 꽤 있다. 먼저 둘 다 인공재배가 힘들다. 버섯은 크게 살아 있는 나무에 기생해 양분을 공유하며 자라는 버섯과, 죽은 식물이나 퇴비의 영양분을 흡수해 자라는 버섯으로 구분할 수 있다. 후자의 경우 환경만 조성해 주면 대량 재배가 가능하지만 전자는 아직 쉽지 않다. 숲을 누벼야 하는 채집에 의존하니 값이 비싼 건 당연지사. 송이버섯이 비싸게 팔리는 것처럼 포르치니도 이탈리아에서 트러플로 불리는 송로버섯 다음으로 비싼 몸값을 자랑한다.

시칠리아 에트나Etna 산 중턱에 있는 한 식당 주인이 산에서 갓 따온 포르치니 버섯을 보여준 적이 있다. 가을날 운이 좋으면 가장 신선한 포르치니로 만든 버섯 요리를 맛볼 수 있다.

송이버섯은 대개 소나무 근처에서 자란다. 포르치니 버섯도 마찬가지다. 주로 소나무 주변에서 자라는데 가끔 밤나무나 가문비나무 근처에서도 발견된다. 가을이 야생버섯의 제철인 이유는 버섯의 생육주기와 관련이 있다. 소나무 뿌리에 자리 잡은 버섯균이 봄과 여름 내내 양분을 한껏 모아두었다가 9월이 되면 포자를 퍼뜨리기 위해 땅 위로 솟아 모습을 드러낸

다. 땅에서 갓 따낸 두 버섯에선 마치 진한 소나무향 향수를 입안에 뿌린 것만 같은 날카로운 숲 내음을 느낄 수 있다.

요리사들의 재료 걱정을 덜어주는

지역마다 시차는 있지만 선선한 바람이 부는 9월에서 10월이면 포르치니의 계절이 시작된다. 시장 매대에 신선한 포르치니 버섯이 주연으로 떠오르는 시기다. 가끔 품질 좋은 포르치니가 담긴 상자를 든 방문 판매원이 식당에 찾아오기도 한다. 이쯤 되면 거의 모든 식당에서 포르치니 메뉴가 등장한다고 해도 과언이 아니다. 포르치니를 넣은 파스타부터 포르치니로 속을 채운 이태리식 만두 라비올리ravioli, 스테이크와 곁들여 나오는 구운 포르치니, 그리고 포르치니 향을 머금은 리소토까지. 원래 있던 요리에 포르치니 버섯만 넣으면 훌륭한 제철 메뉴로 변한다. 항상 새로운 메뉴를 고민하는 요리사들에게 포르치니 버섯은 가을 한철이나마 메뉴 개발 걱정을 덜어 주는 반가운 존재이다.

버섯이 가진 식재료적 위치는 독특하다. 대부분의 식재료가
동식물인데, 버섯은 이도 저도 아닌 균류에 속하기 때문이다.
식물도 동물도 아니면서 조리하면 깊은 감칠맛을 내는 기특한 식재료다.

가을에 수확한 포르치니는 1년 내내 사용할 수 있도록 대부분 말린 형태로 유통한다. 이탈리아를 방문한 여행자들이 양손에 하나씩 사 오는 건조 포르치니가 그것이다. 바짝 말린 포르치니는 신선한 포르치니와는 또 다른 맛의 뉘앙스를 갖고 있다. 좀 더 부드럽고 짙은 감칠맛을 낸다. 마치 말린 표고버섯의 인상과 닮았다.

말린 포르치니는 따뜻한 물에 불려 사용하는데 생 포르치니에 비해 그 사용처가 무궁무진하다. 포르치니 불린 물은 짙은 감칠맛을 온전히 담고 있어 그 자체로 육수나 소스에 쓰기도 한다. 버섯은 오랜 시간 끓여도 조직이 뭉개지지 않는 유일한 식재료이기에 장시간 조리하는 스튜에도 많이 사용된다.

버섯이 가진 식재료적 위치는 독특하다. 대부분의 식재료가 동식물인데, 버섯은 이도 저도 아닌 균류에 속하기 때문이다. 식물도 동물도 아니면서 조리하면 깊은 감칠맛을 내는 기특한 식재료다. 버섯의 80~90%는 수분이다. 이는 수분 함량을 조절하면 다양한 방식의 맛과 질감을 낼 수 있다는 걸 의미한다.

신선한 포르치니 버섯을 기름 두르지 않은 마른 열에 천천히 익히면 원래의 날카로운 향은 반감되지만 감칠맛이 더욱 도드라진다. 얼마나 열을 가해 수분을 증발시키냐에 따라 식감도 달라진다. 살짝 익혀 부드럽게 먹을 수 있고, 바짝 익히면 마치 고기를 씹는 질감을 줄 수도 있다.

다른 식재료도 마찬가지이지만 버섯 조리에 '가장 맛있게 먹는 법' 같은 모범답안은 없다. 요리하는 사람의 의도와 목적에 따라 조리방식이 취사선택될 뿐이다.

FLAVOR
ROAD

17

예술의 경지에
오   른
돼지 뒷다리

계륵 같은 살덩이?

딱히 가치는 없으나 버리기에 아까운 것을 두고 '계륵鷄肋'이라고 한다. 후한 말 진퇴양난에 빠진 조조가 한 말이라고 알려져 있는데, 유래를 굳이 설명하지 않더라도 평소 먹는 닭 요리를 떠올리면 이해가 쉽다. 닭 갈비뼈에 붙은 살은 나름대로 맛은 있지만 먹기가 까다롭고 먹을 것도 별로 없다.

돼지고기 부위 중에도 계륵 같은 존재가 있다. 바로 뒷다리다. 삼겹살과 목살에 비해 가격이 절반에서 3분의1 수준이다. 이유는 있다. 다른 부위에 비해 지방이 적고 근육이 많아 구우면 질기고 삶으면 퍽퍽해져 한국인이 좋아하는 구이용과 수육용으로는 그다지 적절치 않기 때문이다. 그나마 싼 가격 덕분에 얇게 저며 제육볶음이나 불고기 등으로 이용하지만 상대적으로 다른 부위에 비해 식감이 퍽퍽한 건 어찌할 도리가 없다. 식당에서 가끔 먹게 되는 퍽석한 돼지고기는 저렴한 뒷다리살일 공산이 크다. 먹기가 이다지도 불편한데 돼지고기 부위 중 가장 많은 비중을 차지한다. 생산자에게도 요리사에게도, 그리고 먹는 사람에게도 썩 유쾌하지 않은 게 돼지 뒷다리다. 이렇게 한국에서는 계륵 취급을 당하는 뒷다리지만 산 넘고 바다를 건너면 대접은 180도 달라진다. 유럽에서 돼지 뒷다리를 음식 이상의 예술의 경지로 끌어올린 나라가 두 곳 있다. 바로 이탈리아와 스페인이다.

이탈리아 사람들과 스페인 사람들은 가장 하찮은 부위를 세계에서 가장 특별한 맛을 가진 식재료로 탈바꿈시키는 신통한 재주를 갖고 있다. 털을 제거하고 통째로 씻은 돼지 뒷다리를 소금에 절인 후 장시간 건조하는데 이를 두고 이탈리아에서는 프로슈토 크루도prosciutto crudo, 스페인에서는 하몽jamón이라고 부른다. 돼지 뒷다리를 영어로 햄ham이라고 하는데, 프로슈토 크루도와 하몽은 익히지 않고 소금에 절여 반건조한 생햄이다.

인류가 언제부터 생햄을 먹어 왔는지는 확실치 않다. 가장 오래된 기록은 기원전 160년 로마의 정치가 카토Marcus Porcius Cato, BC 234~149가 쓴 저작물로, 여기엔 생햄을 만드는 과정이 상세히 적혀 있다. 이를 근거로 이탈리아가 생햄의 발상지라고 우기는 이들(아마도 이탈리아인이 아닐까)도 있다. 로마인들이 야만인이라고 무시했던 변방의 민족에게는 싸움뿐 아니라 수렵한 짐승을 말리고 절이는 데 탁월한 실력이 있었다고 한다. 이 점으로 미루어 보건대 농경민족인 로마인들이 수렵과 채집을 주로 하던 외부인들과의 물물교환 속에서 생햄을 접하게 되었을 것이라는 설이 훨씬 설득력 있어 보인다.

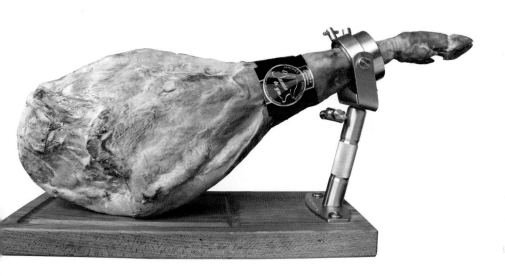

이탈리아 사람들과 스페인 사람들은 가장 하찮은 부위를 세계에서 가장 특별한 맛을 가진 식재료로 탈바꿈시키는 신통한 재주를 갖고 있다. 그들은 털을 제거하고 통째로 씻은 돼지 뒷다리를 소금에 절인 후 장시간 건조해서 기가 막힌 맛을 내는 생햄을 만들었다(사진은 하몽).

자타가 공인하는 최고의 프로슈토는 이탈리아 파르마에서 생산되는 '프로슈토 디 파르마'다. 보통의 프로슈토가 6개월 이상 숙성돼서 나오는 반면 파르마 산 프로슈토는 9개월에서 많게는 2년까지 숙성시킨다.

빠지면 헤어 나오기 힘든 맛

원조가 누가 됐든 생햄은 식량을 오랫동안 보존하기 위해 고안해 낸 방편으로 생긴 하나의 부산물이다. 소금에 절여 건조하거나 연기에 훈제한 고기 표면에는 유해한 박테리아로부터 내부를 보호해 주는 일종의 보호막이 생긴다. 이런 과정을 거치면 보존 기한이 극적으로 늘어나면서 독특한 풍미가 더해진다. 보호막 덕에 고기 안의 단백질은 부패하는 대신 안전하게 아미노산으로 분해되며 감칠맛을 내는 글루탐산의 농도가 많게는 20배까지 증가하기 때문이다. 고대부터 오늘날에 이르기까지 빠지면 좀처럼 헤어 나오기 힘든 맛이다.

자타가 공인하는 최고의 프로슈토는 이탈리아의 파르마^{Parma}에서 생산되

스페인에서 하몽을 먹는 것은 한국에서 삼겹살이나 족발을 먹는 것만큼 일상적이다. 마드리드에 있는 '무제오 델 하몽(meseo del hamon)'은 '하몽 박물관'이란 이름에 걸맞게 수백 가지 하몽을 만날 수 있는 레스토랑과 숍을 겸한다.

는 '프로슈토 디 파르마'다. 특정 곡물을 먹인 암돼지 뒷다리를 사용한다. 보통의 프로슈토가 6개월 이상 숙성돼서 나오는 반면 프로슈토 디 파르마는 9개월에서 많게는 2년까지 숙성시킨다. 숙성 기간에 따라 등급이 달라진다.

하몽도 마찬가지다. 최고의 하몽은 도토리를 먹인 흑돼지 뒷다리로 만든 '하몽 이베리코 데 베요타 jamón ibérico de bellota'다. 최상급은 3년 정도 숙성시킨다. 프로슈토와 하몽은 언뜻 보면 형제 같아 보이지만 맛에 있어서는 완벽한 남이다. 프로슈토 디 파르마가 잘 익은 과일향으로 은은하고 섬세한 여성적인 풍미를 낸다면, 하몽 이베리코 데 베요타는 남성적이다. 오래 숙성시키고 염도도 강해 강렬하고 자극적이면서 동시에 탄성을 자아내는 놀라운 풍미를 보여 준다.

우열을 가릴 수 없다!

최고급 프로슈토와 하몽은 그 자체만으로도 완벽한 음식이기에 별다른 조미 없이 종잇장처럼 얇게 썰어 그냥 먹거나 과일, 치즈와 함께 서빙되는 것이 일반적이다. 요리사들이 별로 손을 댈 게 없다. 그렇다고 꼭 그렇게 먹어야 하는 건 아니다. 주방에서 생햄은 훌륭한 조미료로도 대접받는다. 치즈와 토마토의 경우처럼 MSG, 즉 글루탐산나트륨이 풍부하게 들어 있기 때문이다. 장르를 가리지 않고 각종 다양한 요리에 감칠맛을 더하는 부재료로 사용되기도 한다.

자국의 음식문화에 강한 애착을 갖고 있는 이탈리아 사람들은 프로슈토야말로 지구상에서 만들어지는 생햄의 정점에 있다고 믿는다. 스페인 사람들이 하몽에게 그러하듯 말이다. 두 나라 사람에게 둘의 우열을 묻는다는 건 자칫 첨예한 국가 간 분쟁으로 번질 소지가 있는 민감한 문제이니 각별한 주의를 요하는 바다. 자기네들 것이 최고라고는 해도 막상 서로의 생햄은 먹어 본 적이 없는 경우가 대부분일 테지만 말이다.

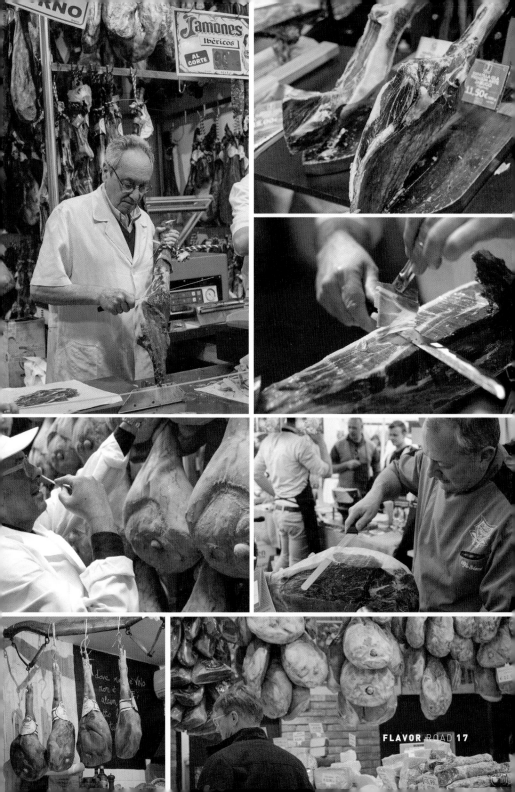

FLAVOR
ROAD

18

도 쿄 의
뒷 골 목 에 서
만 난
꼬치의 장인들

부산이 고향이라고 하면 으레 듣는 것이 "바다가 가까워서 좋았겠다"라는 말이다. 부산에 살면서 바다가 가까워서 좋다고 느낀 적은 특별히 없었다. 집이 바닷가 근처가 아닌 이상 부산 사람이라도 바다 구경은 꽤 수고스러움을 요하는 일이다. 가까운 곳은 언제라도 갈 수 있다는 생각 때문에 오히려 먼 곳보다 잘 찾지 않는 건지도 모르겠다.

서쪽으로는 유라시아 대륙의 끝에서부터, 북쪽으로는 노르웨이, 남쪽으로는 적도 아래 인도네시아까지 부지런히 다녀 보았건만 정작 우리나라와 가장 가까운 나라, 일본을 찾은 건 2년 전 일이다.

이탈리아에서 먹는 것보다 더 맛있는 이탈리아 요리를 먹을 수 있는 곳이 도쿄라고 한다. 그야말로 각국의 요리를 최고 수준으로 맛볼 수 있는 '미식의 성지'이지만, 정작 마음을 앗아간 건 엉뚱한 곳이었다.

눈이 휘둥그레질 만큼 놀라운 미각 경험

신주쿠 역 서쪽 출구에서 멀지 않은 곳에 '오모이데요코초'라는 골목이 있다. 직역하면 '추억의 골목'이라고 불리는 이곳엔 서너 평 안팎의 작은 꼬치구이야키토리 집들이 옹기종기 모여 있다. 닭꼬치구이는 이미 익숙한 음식이지만 수십 가지로 세분화되어 있는 메뉴와 어수선하면서 동시에 묘하게 정갈한 분위기, 그리고 눈이 휘둥그레질 정도로 놀라운 미각 경험은 한국에서 흔히 접하는 것과는 전혀 다른 차원의 것이었다. 먹기 좋게 작게 자른 고기를 나무 꼬챙이에 꿰어 숯불이나 철판 등에 구워 내는 요리를 야키토리라 한다. '야키토리'의 '토리'가 닭을 뜻하기에 '닭꼬치'로 번역되지만 돼지고기나 소고기, 말고기를 이용한 꼬치구이도 모두 야키토리로 통용된다. 돼지고기, 특히 각종 특수부위를 이용한 야키토리는 도쿄를 중심으로 한 간토 지방의 명물이다.

믿기 어렵지만 일본에서는 7세기부터 19세기까지 닭을 비롯한 소, 말 등 가축의 고기를 먹는 것을 금했다. 살생을 금하는 불교의 영향이라고 하지만 실은 생활에 쓸모가 있는 가축의 도살을 막기 위한 일종의 재산보호 차원의 이유가 컸다. 닭은 시간과 낯선 이의 침입을 알려 준다는 명목으로 식육이 금지됐다.

'추억의 골목'이라 불리는 이곳엔 서너 평 안팎의 작은 꼬치구이 집들이 옹기종기 모여 있다. 수십 가지로 세분화되어 있는 메뉴와 어수선하면서 동시에 묘하게 정갈한 분위기, 그리고 눈이 휘둥그레질 정도로 놀라운 미각 경험은 한국에서 접하는 것과는 전혀 다른 차원으로 이끌었다.

　그렇다고 그동안 아무도 고기를 먹지 않았던 건 아니었다. 사냥으로 잡은 야생동물이나 생선을 먹는 것은 허용됐다. 기록에 따르면 닭꼬치구이가 일본 사회에 등장하기 시작한 건 17세기 무렵이다. 이미 한 세기 전부터 일본 땅에 상륙한 포르투갈과 스페인 사람들을 통해 닭 요리법이 전해졌지만 대다수의 일반 서민들에게는 그저 먼 나라 이야기였다. 당시는 지금처럼 양계 산업이 발달하지 않아 닭꼬치구이는 지체 높은 분들이나 먹을 수 있는 고급 요리로 통했다. 야키토리가 저렴한 술안주의 대명사가 된 건 비교적 최근의 일이다. 1923년 벌어진 간토 대지진과 태평양전쟁 패전 이후 저렴한 길거리 음식을 파는 포장마차가 도쿄 시내 곳곳에 탄생했다. 간장과 설탕 대용으로 쓰는 사카린으로 만든 소스를 발라 구운 야키토리가 성행하기 시작한 것도 이 즈음이다.

　양계 산업이 육성되면서 공급이 많아지자 닭은 저렴한 식재료로 자리 잡았고, 주로 직장인들이 퇴근하고 쏟아져 나오는 역 근처에 야키토리 집들이 들어섰다. 퇴근 후 지친 몸과 마음을 따뜻하게 녹이는 한 잔의 술과 어울리는 값싼 안주로 이만한 것이 없었으리라.

미식의 성지

요리의 관점에서 봐도 야키토리는 매력적인 음식이다. 야키토리의 스타일은 크게 보면 두 가지다. 소금과 양념(다레)이다. 재료 위에 가볍게 뿌려지는 소금은 원재료가 신선하고 좋을 때 빛을 본다. 양념은 각종 내장으로 만든 야키토리에 더 어울린다. 집집마다 비장의 양념 레시피가 존재하는데 대부분 간장과 된장, 설탕, 미림, 청주의 범주 안에서 만들어진다.

흥미로운 건 야키토리는 가게 수만큼 각각의 스타일이 존재한다는 사실이다. 맛이나 스타일에 정답이 없듯 야키토리를 구워 내는 요리사들은 자기만의 방식을 고수한다. 단지 소스를 얇게 펴 발라 굽는 곳도 있는 반면, 된장과 미림을 푼 국물에 푹 담갔다가 간장을 발라 구워 내는 곳도 있다. 감칠맛을 내는 된장과 간장 그리고 단맛, 거기에 숯에 구워 풍미를 한층 배가시킨 야키토리는 공식으로 따지면 결코 맛이 없을 수 없는 조합이다.

제아무리 '무적無敵의 공식'이라고 해도 야키토리를 굽는 기술과 정성이 없다면 무용지물이다. 육즙을 많이 증발시키지 않으면서 동시에 타지 않고 속이 고루 익게 하는 일은 결코 쉽지 않다. 뜨거운 열원 앞에서 무서울 정도로 높은 집중력을 보이며 완벽한 야키토리를 굽기 위해 노력을 다하는 이들의 모습을 눈앞에서 보면 '장인'이라는 말이 절로 나온다.

야키토리 집이 수없이 많아도 같은 맛을 내는 야키토리 집은 없다고 한다. 가히 '미식의 성지'로 불릴만 하다.

제아무리 '무적의 공식'이라고 해도
야키토리를 굽는 기술과 정성이
없다면 무용지물이다.
육즙을 많이 증발시키지 않으면서
동시에 타지 않고 속이 고루 익게 하는 일은
결코 쉽지 않다.
뜨거운 열원 앞에서
무서울 정도로 높은 집중력을 보이며
완벽한 야키토리를 굽기 위해
노력을 다하는 이들의 모습을 눈앞에서 보면
'장인'이라는 말이 절로 나온다.

FLAVOR
ROAD

19

갈리시아에서
만   난
괴   물

172
___
173

"아니, 이걸 이렇게 요리한다고요?"

이탈리아 요리를 본격적으로 배우기 시작할 무렵 충격과 경악을 금치 못했던 적이 있었다. 바로 문어 요리 때문이었다.

주어진 레시피에는 문어를 끓는 물에 1시간 동안 삶으라고 적혀 있었다. 10분이 잘못 적혀 있는 게 아닐까 하며 눈을 비비고 다시 봤지만 분명 1시간이었다.

한국인에게 문어 요리라고 하면 끓는 물에 살짝 데친 다음 얇게 썰어 먹는 숙회 형태를 떠올리는 것이 상식이다. 쫄깃쫄깃한 문어를 씹을수록 입안에 퍼지는 짭조름하면서 은은한 감칠맛! 이것이야말로 문어의 매력이 아니었던가.

문어를 오래 익히면 질기고 딱딱한 고무처럼 변한다는 건 음식에 어느 정도 관심이 있는 사람이라면 쉽게 아는 사실이다. 그런데 문어를 1시간이나 익히라니, 분명 뭔가 잘못 됐구나 싶었다.

물이 보글보글 끓고 있는 냄비 안에 문어를 집어넣고 기다리는 동안 내 머릿속에는 의심과 불신이 아지랑이처럼 피어올랐다. 맛은 둘째 치더라도 과연 먹을 수나 있을지, 아까운 문어만 버리게 될 거라 생각하니 가난한 유학생의 마음이 영 편치 않았다.

1시간이 지난 뒤 냄비에서 꺼낸 문어는 너무 익은 탓인지 보랏빛 껍질이 쉬이 벗겨지며 흰 속살이 드러났다. 마치 보면 안 되는 것을 본 듯한 묘한 죄책감이 드는 것도 잠시, 반신반의하며 다리 한 조각을 잘라 입안에 넣었다. 질기고 거친 식감을 우려한 것과는 달리 입안에 들어온 문어는 보들보들한 감촉이었다. 부드럽게 씹히면서도 문어의 향과 맛은 그대로 간직하고 있었다. 새로운 형태의 문어를 음미하자마자 뒤통수를 세게 얻어맞은 기분이 들었다. 문어는 오직 숙회로만 먹는 것이 미덕인 줄 알았던 좁은 식견이 산산조각 나는 순간이었다.

혐오와 공포의 대상?

유럽에서 문어는 지역에 따라 다른 대접을 받아 왔다. 지금은 덜하지만 과거 북유럽 사람들에게 문어는 혐오와 공포의 대상이었다. 각종 신화나 전설에서 알 수 있듯 문어나 오징어를 비롯한 두족류는 뱃사람들을 괴롭히는 괴물로 묘사됐다. 기분 나쁘게 생긴 피부에 발이 여덟 개나 달리고 흐물흐물한 촉수로 먹잇감을 재빠르게 사냥하는 문어를 보고 사랑스럽다고 여길 뱃사람은 그리 많지 않았으리라.

영화나 소설 등 많은 공상과학 장르에서 종종 외계인이 두족류로 그려지는 것도 서양인이 문어에서 느끼는 공포감에서 비롯됐다는 설득력 있는 분석도 있다. 문어는 우리나라에서도 크게 다르지 않았다. 조선시대 후반까지 못생긴 외모 때문에 잡히는 족족 바다에 버려졌던 아귀와 비슷한 신세였다고 전해진다.

반면, 대서양과 지중해에 인접한 남유럽에서 문어는 오래 전부터 환영받는 존재였고 지금도 인기가 여전하다. 유쾌하고 풍류를 사랑하는 남유럽 사람들의 기질 때문일까, 와인과 곁들여 먹는 별미로 통한다. 스페인과 포르투갈, 이탈리아 그리고 그리스 연안 지역 식당의 메뉴에선 문어 요리를 쉽게 찾아볼 수 있다.

삶기의 달인

유럽에서 가장 잘 알려진 문어 요리는 스페인 갈리시아 지방의 명물 '풀포 아 페이라^{pulpo a feira}'다. 직역하면 '시장 스타일 문어요리'로 생긴 건 영락없는 숙회 한 접시다. 차이점이 있다면 숙회와는 달리 쫄깃한 맛이 덜하고 참기름 대신 올리브유가, 초고추장 대신 훈제한 고춧가루가 뿌려지는 정도라고 할까. 이름에서도 알 수 있듯 단순하면서 소박한 장터 요리이지만 파에야^{paella}, 타파스^{tapas}와 함께 스페인을 대표하는 요리로 꼽힌다.

전통적으로 유럽에서 문어를 요리하는 방법은 크게 두 가지다. 풀포 아 페이라처럼 오래 삶아 부드럽게 익히거나 불에 굽는 식이다. 우리야 '씹는 맛'이란 말이 있을 정도로 쫄깃한 식감을 좋아하지만, 서양인들은 그러한 식감을 두고 '고무 같다'고 표현한다. 그들에게 요리된 음식이란 입안에서 부드럽게 어우러져야 하는 것이지 무리하게 힘을 주면서 먹는 것이 아니기 때문이다. 서양 요리의 기본 수칙도 재료가 딱딱하거나 질기지 않도록 '부드럽게 익힐 것'이다.

문어를 비롯한 연체동물은 생선보다 3~5배나 많은 콜라겐 조직을 갖고 있다. 문어의 콜라겐 조직은 그물망처럼 얽혀 있는데 열을 받으면 조직이 수축돼 금세 질겨진다. 하지만 오래 열을 가하면 콜라겐 결합조직이 끊어지면서 부드러워진다. 그렇다고 너무 장시간 삶으면 살이 으스러질 정도로 퍽퍽해지고 맛이 빠져나가 버린다.

스페인 문어 요리의 본고장인 갈리시아에는 문어만 전문적으로 삶는 사람을 지칭하는 '풀페이로스^{pulpeiros}'라는 용어가 있을 정도로 문어 삶기는 고도의 기술을 요하는 일이다.

유럽에서 가장 유명한 문어 요리는 스페인 갈리시아 지방의 명물 '풀포 아 페이라'다. 생긴 건 영락없는 숙회한 접시이지만 와인과 궁합이 잘 맞는 별미다.

찬사가 쏟아지던 괴물의 식감

요리학교 과정을 마치고 실습을 했던 시칠리아 레스토랑에도 문어 요리가 있었다. 부드럽게 익힌 문어를 숯불에 한 번 더 구워 병아리콩 크림과 함께 먹는 요리였다. 당연히 손질은 막내인 내 몫이었다. 문어를 잘 씻어 내장과 눈, 이빨을 제거한 뒤 와인과 각종 향신료를 넣은 물에 1시간 정도 익힌 다음 쓰기 좋게 진공 포장하는 일이었다.

문어는 계절을 타지 않아 언제나 인기가 높았다. 테이블로 요리가 나가면 곧바로 손님들의 찬사가 이어졌다. 찬사는 당연히 셰프를 향했지만 문어 손질을 한 나도 덩달아 기분이 좋아지곤 했다.

한국으로 돌아와 친구들에게 먹일 요량으로 유럽식으로 문어를 삶아 요리했다. "이걸 이렇게 오래 삶아 요리한다고?" 수 년 전 나와 같은 반응을 보이는 친구들에게 접시를 내려놓으며 슬쩍 한마디를 던졌다.

"어서 와. 유럽식 문어는 처음이지?"

스페인 문어 요리의 본고장 갈리시아에는 문어만 전문적으로 삶는 사람을 지칭하는 '풀페이로스'라는 말이 있을 정도로 문어 삶기는 고도의 기술을 요한다.

스페인 북서쪽 갈리시아 지방에 있는
'아 코루나 A Coruna'란 해안도시에서
거대한 괴물을 만났다.
녀석은 힘차고 억센 다리로
해안 절벽을 타고 올라온 듯하다.
도로 옆 산책로의 안전대를 휘감고 있는 모습이
퍽 인상적이다. 녀석의 강렬한 존재감만으로도
이곳에 오면 '풀포 아 페이라'를
맛보지 않을 수 없다.
녀석의 기념사진을 찍은 사람들은
너 나 할 것 없이 인근 시장으로 향한다.

FLAVOR
ROAD

20

음 식 에
담   긴
혁신의 의미

여행을 하다 보면 언제 다시 가더라도 변하지 않을 것만 같은 풍경과 마주칠 때가 있다. 내게는 체코의 체스키크룸로프Cesky Krumlov, 스페인의 톨레도Toledo, 그리고 세고비아Segovia가 그런 곳이다. 사는 사람에게는 답답한 일이겠지만 낡고 오래된 것들을 새롭게 바꾸어야 할 대상으로 보지 않고 계승하고 유지한다는 철학이 깔려 있다는 공통점이 있다. 그렇게 살아남은 유무형의 유산들은 '전통'이라는 이름으로 현재를 사는 이들에게 끊임없이 말을 걸어온다.

입이 다물어지지 않다

마드리드에서 한 시간가량 떨어진 작은 도시인 세고비아를 찾을 이유는 크게 세 가지다. 첫째는 동화 속에서나 봄직한 알카사르Alcazar성이다. 디즈니 영화 〈백설공주〉에 나오는 궁전의 모티프가 된 곳으로 흔히 세고비아성으로 불린다. 다른 하나는 기원전 1세기 때 로마인들에 의해 지어진 수로교aqueduct, 水路橋다. 만들어진 지 천년이 넘는 건축물이라는 생각을 하면 입이 다물어지지 않을 정도로 근사하다.

마지막은 세고비아가 자랑하는 전통요리 '코치니요cochinillo'다. 스페인을 찾는 식도락가들이 반드시 먹어 봐야 할 음식으로 꼽히는 코치니요는 생후 3주 미만의 젖먹이 돼지를 통째로 구워내는 요리다. 물을 담은 도기에 새끼 돼지를 눕혀서 90분 동안 한 번 굽고 엎어서 같은 시간 동안 한 번 더 구워내는데 이렇게 조리하면 껍질은 바삭하면서 살은 부드럽게 익는다. 바삭거리는 껍질과 사르르 녹아내리는 속살의 식감 대조가 재미있다. 북경오리를 먹어 본 이들이라면 익숙한 식감이다.

비빔밥이 전주를 넘어 한국의 대표음식으로 자리잡은 것처럼 세고비아의 코치니요도 스페인 대표 요리 중 하나로 꼽힌다. 그렇다고 세고비아를 코치니요 '원조'로 보는 건 곤란하다. 돼지를 통째 굽는 방식은 원초적인 조리법이다. 인류가 돼지를 키우기 시작한 시점부터 돼지 통구이는 가장 보편적인 요리였다. 아마도 키우던 돼지가 너무 일찍 죽었거나, 돼지가 클 때까지 참지 못한 성질 급한 이에 의해 새끼 돼지요리가 탄생했을 것이다.

세고비아를 코치니요의 '원조'로 보는 건 곤란하다. 돼지를 통째 굽는 방식은 원초적인 조리법이다.
인류가 돼지를 키우기 시작한 시점부터 돼지 통구이는 가장 보편적인 요리였다.

전통을 잇는 혁신

카스티야 지방의 별미로 꼽히는 코치니요는 세고비아 말고도 인근의 마드리드, 아빌라 ^Avila^ 등에서도 쉽게 찾을 수 있다. 그럼에도 불구하고 어째서 세고비아가 코치니요의 성지가 됐을까?

18세기와 19세기 사이 일자리를 찾아 대도시로 향하는 이들이 많았는데 세고비아는 마드리드로 향하는 길목 중 하나였다. 세고비아는 늘 순례자와 여행객으로 붐볐다고 한다. 여관이나 주점에선 이들에게 식사를 팔았는데 카스티야 전통요리인 코치니요도 그중 하나였다.

세고비아 시내엔 저마다 최고라 자부하는 코치니요 식당이 있다. 수로교 인근에 1884년부터 영업을 시작한 곳도 있지만 그중에서 '호세 마리아 ^José Maria^'를 빼놓고는 코치니요를 논할 수 없다. 이 식당의 오너이자 셰프인 호세 마리아 루이즈 베니토^José Maria Luis Beneto^는 '코치니요의 아버지'로 통한다. 단순히 전통요리를 계승했다는 차원을 넘어 현대적이고 과학적인 방법을 통해 코치니요를 세고비아를 대표하는 산업이자 아이콘으로 자리잡게 한 인물이기 때문이다.

저마다 최고라 자부하는 세고비아의 코치니요 식당 중에 '호세 마리아'를 빼놓고는 코치니요를 논할 수 없다. 이 식당의 오너이자 셰프인 호세 마리아 루이즈 베니토는 '코치니요의 아버지'로 통한다.

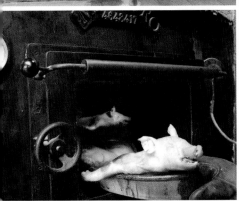

FLAVOR ROAD 20

1972년 밀라노에서 열린 첫 번째 세계 소믈리에 대회 동메달 리스트이기도 한 호세 마리아는 1982년 고향인 세고비아에 자신의 이름을 딴 식당을 열었다. 그는 세고비아의 음식 유산 중 코치니요에 큰 관심을 보였는데, 그의 주된 관심사는 전통의 답습이 아니라 코치니요를 어떻게 하면 더 맛있게 개선시킬까 였다.

코치니요의 맛은 새끼 돼지의 상태에 따라 결정되는데 당시에는 종이나 크기를 구분하지 않고 주먹구구식으로 생산됐다. 무엇보다 품질과 위생관리가 엉망이다 보니 결과물의 품질도 천차만별일 수밖에 없었다.

호세 마리아는 코치니요의 품질을 높이기 위해 생산 단계부터 관여했다. 그는 생산자들과 협업해 코치니요 요리에 적합한 품종을 찾고, 최적의 상태로 고기를 출하하도록 시스템을 개선하는 데 힘을 썼다. 다른 식당의 셰프들과 코치니요 요리를 완벽하게 만드는 방법을 상의하는 한편, 코치니요와 어울리는 와인을 찾기 위해 포도밭을 인수하는 등 열정을 기울였다. 이런 노력의 결과로 세고비아는 2002년 새끼 돼지에 대한 품질 인증 마크를 얻어냈고, 코치니요 요리에 대한 주도권을 완전히 거머쥘 수 있었다.

식당에서 코치니요를 썰어주는 호세 마리아를 보고 있자니 일흔셋 나이가 무색할 정도였다. 그의 눈과 표정에서는 아직도 현역임을 과시하는 충만한 기운이 엿보였다.

호세 마리아를 보며 생각해 본다. 우리는 전통유산을 어떻게 대해야 할까? 전통이 앞으로도 힘을 갖게 하려면 어떤 노력을 기울여야 할까? 먹음직스럽게 놓인 새끼 돼지요리 한 접시를 두고 많은 생각이 오갔다.

호세 마리아의 한쪽 벽에는 깨진 접시조각으로 가득하다.
이곳에선 코치니요를 칼 대신 접시로 썬다.
그만큼 고기가 연하다는 뜻이다.
한번 썬 접시는 다시 사용하지 않고 바닥에 내리쳐 깨부순다.
최상의 고기로 최선을 다해 조리했음을 나타내는 이벤트라고 한다.

FLAVOR ROAD

THREE

|

미각의 문화사

FLAVOR BOY

FLAVOR
ROAD

21

식 사 의
목 적

유럽에 다녀온 사람들과 음식 이야기를 나누다 보면 가끔씩 툭 튀어나오는 주제가 있다. 유럽 사람들은 왜 그렇게 오랫동안 식사를 하느냐는 것이다. 주문한 식사가 빨리 나와야 하는 건 물론이거니와 뚝배기가 부글부글 끓고 있어도 거기에 숟가락을 들이밀어 한 수저 떠 입안에 넣어야 직성이 풀리는 우리 문화와는 사뭇 다른 풍경을 경험했다는 이야기가 대부분이다.

식당의 성격에 따라 짧게는 1시간, 길게는 3시간도 이어지는 유럽의 식사 시간을 두고 몇몇은 여유롭고 좋았다는 반면, 어떤 이들은 지루하고 답답하다는 반응을 보였다. 실제로 3시간 동안 밥을 먹는 일은 그리 만만한 게 아니다. 대개 이런 경우는 여러 가지 요리가 순차적으로 나오는 고급 식당에서다.

오페라 공연 같았던 식사 시간

유학 시절 초, 이탈리아 내에서도 세 손가락 안에 드는 식당에서 식

사를 한 적이 있다. 전식과 본식, 그리고 후식을 포함해 무려 17가지 요리가
차례로 나왔다. 정오에 시작한 식사는 오후 4시가 돼서야 비로소 끝이 났다.
배가 불러온다고 느낀 건 불과 다섯 번째 접시를 먹고 난 후였다. 그날처럼
있는 힘을 다해 음식을 먹었던 경험은 이후로 몇 번 더 있었지만 언제나 첫
경험이 기억에 강하게 남는 법. 그날의 식사는 마치 한 편의 긴 오페라를 감
상한 것만 같은 여운을 남겨주었다.

우리가 흔히 하는 '밥 한번 먹자'는 말은
단순히 혼자 먹기 싫으니 같이 먹자는 게 아니라
관계를 지속하자는 뜻이다.
함께 식사하는 곳이
고급 레스토랑이건 노상 카페이건
장소는 크게 중요하지 않다.

이런 레스토랑의 긴 코스 요리는 특별한 경우에 속한다. 한 끼에 수십만 원 하는 식당은 기념할 만한 일이 있거나 정말 중요한 날에 찾는 곳이기 때문이다. 이런 곳에서의 식사는 일종의 공연과 같다. 이름난 셰프가 음식을 통해 선보이는 독특한 경험을 누리기 위해 손님들은 기꺼이 고가의 식사 값을 치른다. 단지 맛있는 음식으로 배를 채운다는 것 이상으로 셰프가 준비한 아이디어와 분위기를 만끽한다는 인식이 전제되어야 즐길 수 있다.

아무튼 식사 내내 다음은 어떤 요리가 나올지 기대하는 재미가 쏠쏠하긴 했지만 기다리는 시간이 조금은 지루했다. 그럴 때마다 의도치 않게 옆 테이블의 상황이 눈에 들어왔다. 우리는 접시가 놓이면 포크와 나이프를 쥐고 달려들어 눈앞에 놓인 음식을 해치우기 바빴다. 반면 유럽의 현지인들은, 음식은 목적이 아니라는 듯 대화를 이어 나가며 천천히 접시를 비웠다. 다음 요리를 기다리는 동안 어색한 적막이 감도는 우리와는 달리 그 테이블은 뭐가 그리 즐거운지 대화가 끊임없었다.

그날 음식의 맛은 전반적으로 만족스러웠지만 거기까지였다. 반면 시끌벅적했던 테이블의 손님들은 너무나 환한 표정으로 매니저, 셰프와 인사를 나누고 감사를 표했다. 얼핏 생애 최고의 식사였다는 찬사도 들렸다. 그때는 그저 그들이 유난스럽다고 생각했지만 나중에야 알게 됐다. 그날 같은 음식을 먹어 놓고 다른 만족감을 느낀 이유를 말이다.

관계를 위한 시간

식사의 목적은 무엇일까? 먹기란 기본적으로 배를 채우고 살아갈 힘을 얻

는 행위다. 이것은 먹는다는 행위가 갖고 있는 여러 의미 중 하나일 뿐이다. 배를 채우는 일은 전적으로 개인 차원의 일이지만 다른 사람과 함께 식사를 한다는 건 사회적인 의미를 갖는다.

함께 먹는다는 행위를 통해 개인과 개인 간의 유대감을 높일 수도, 심리적인 안정감을 누릴 수도 있다. 우리가 흔히 하는 '밥 한번 먹자'는 말은 단순히 혼자 먹기 싫으니 같이 먹자는 것보다는 관계를 지속하자는 의미를 더 담고 있는 것도 이런 맥락에 포함된다.

밥상머리에서 잠자코 밥을 먹어야 한다고 배운 이에게 식사란 그저 하루를 위한 영양분을 채우는 시간에 불과하겠지만, 유럽인들에게 있어 식사란 관계를 위한 시간이다. 유럽에서 외식을 한다는 것은 적어도 둘 이상 모여 밥을 먹으며 대화를 한다는 것과 같다. 식사에 빠지지 않고 곁들이는 가벼운 알코올음료는 유쾌한 대화의 윤활유 역할을 한다. 술과 음식, 그리고 대화가 한자리에서 모두 해결될 수 있으니 굳이 2차, 3차를 하러 갈 필요가 없다.

이렇듯 이야기를 하기 위해 밥을 먹다 보니 식사시간은 자연히 길어질 수밖에. 유럽도 미국이나 우리처럼 점점 혼밥족이 늘어나고 시간에 쫓기는 라이프스타일로 변해 가는 추세지만 함께하는 식사를 통한 관계의 가치가 삶에 있어 중요하다고 여기는 데에는 변함이 없다.

그날의 고급 식당에는 다른 일행과 함께였지만 식사의 목적은 따로 있었다. 요리사들끼리 모여 '얼마나 음식을 잘하나 보자'라는 생각으로 방문했던 터라 오로지 음식 맛에만 몰두한 것이다. 그렇다 보니 마주 앉은, 옆에 앉은 이는 눈에 보이지 않았다. 최고의 음식과 좋은 술이 있었지만 좋은 대화가 빠져 있었던 그날 식사는 결국 반쪽짜리였던 셈이다.

유럽도 미국이나 우리처럼 점점 혼밥족이 늘어나고 시간에 쫓기는 라이프스타일로 변해 가는 추세지만 함께하는 식사를 통한 관계의 가치가 삶에 있어 중요하다고 여기는 데에는 변함이 없다.

식사의 목적은 무엇일까?
밥상머리에서 잠자코 밥을 먹어야 한다고 배운 이에게 식사란
그저 하루를 위한 영양분을 채우는 시간에 불과하겠지만
그게 다는 아닐 것이다. 먹기란 기본적으로 배를 채우고 살아갈
힘을 얻는 행위이지만, 이것은 먹는다는 행위가 갖고 있는
여러 의미 중 하나일 뿐이다. 배를 채우는 일은 전적으로
개인 차원의 일이지만 다른 사람과 함께 식사를 한다는 건
사회적인 의미를 갖는다.

FLAVOR
ROAD

22

유 럽 의
라이스 로드를
[rice road]
걷 다

"이탈리아 요리라는 건 없다!"

이탈리아 요리학교에서 식문화를 가르치던 엔리코 교수가 말했다. 이탈리아 요리를 배우겠다고 유학 온 학생들에게 이 무슨 청천벽력 같은 소리인가. 그의 뜻은 각 지역마다 고유한 요리와 식문화가 있기에 '어느 지역 스타일의 요리'라는 건 있어도 이탈리아 전체를 대표하는 요리는 존재하지 않는다는 것이다.

따지고 보면 이탈리아의 상징과도 같은 파스타와 피자는 남부, 리소토는 북부의 음식이다. 이탈리아 전통요리라는 책을 펼쳐 놓고 세심하게 살펴보면 재료부터 조리법까지 워낙 다른 것이 많아 하나로 묶는 것이 오히려 문제가 있는 게 아닐까 싶을 정도다.

이런 느낌을 스페인에서도 받았다. 워낙 땅도 넓고 역사적으로 부침이 많았던 곳이라 지역마다 요리 스타일이 제각각이다. 스페인도 언어와 문화가 달랐던 지역을 한데 묶어 탄생한 나라다. 오늘날 스페인 내에서 카탈루냐나 바스크인들의 독립 요구가 끊이지 않는 것도 이와 관련이 있다.

스페인 식문화를 가르치는 교수에게 "스페인 요리란 무엇인가요?"라고 묻는다면 아마도 "스페인 요리는 없다"고 답하리라. 그래도 '스페인 요리' 하면 자동적으로 연상되는 건 파에야paella다. 파에야에도 여러 종류가 있지만 보통 널따란 팬에 담긴 쌀, 그 위에 고기나 해산물과 같은 각종 고명이 먹음직스럽게 담긴 요리를 말한다.

스페인을 대표하는 요리가 파에야라면 이탈리아엔 리소토risotto가 있다. 흥미로운 점은 이 두 요리 모두 쌀 요리라는 것이다. 밀 문화권에 속하는 스페인과 이탈리아, 어째서 이들은 밀이 아닌 쌀을 요리해 먹게 된 걸까?

스페인의 쌀 요리 파에야는 거대한 팬에 각종 재료를 넣어 볶는데, 닭이나 오리뿐 아니라 토끼나 개구리를 넣기도 한다. 흥이 많은 스페인 사람들의 잔치에 빠지지 않는 요리로, 많은 사람들이 함께 먹을 수 있는 양을 조리하는 대표적인 '나눔의 음식'이다.

밀 문화권의 쌀 요리

리소토는 소고기 육수와 버터, 치즈 등을 넣고 볶아 크림 같은 질감을 낸다. 경우에 따라서 파르미지아노 치즈통 안에 직접 넣고 리소토를 조리하기도 한다. 중앙아시아와 인도, 중국 등이 원산지인 쌀이 유럽에 건너오게 된 건 8세기 무렵이다. 이미 쌀을 주식으로 먹어 왔던 아랍인들이 지금의 스페인 지역을 점령하면서부터 유럽의 쌀 역사가 시작됐다.

이탈리아 북부에 쌀이 재배되기 시작된 건 그보다 한참 뒤인 15세기 즈음이었다. 스페인 남동부와 이탈리아 북부는 몇 안 되는 유럽의 대표적인 쌀 생산지다. 강수량도 풍부하고 비옥한 습지가 많은 이 지역에서는 밀농사보다 쌀농사가 더 적합했다.

스페인 남동부와 이탈리아 북부는 몇 안 되는 유럽의 대표적인 쌀 생산지다. 강수량도 풍부하고 비옥한 습지가 많은 이 지역에서는 밀농사보다 쌀농사가 더 적합했다. 스페인 남동부에 있는 발렌시아와 이탈리아 북부의 대도시 밀라노가 쌀 요리인 파에야와 리소토의 본고장으로 불리는 것은 우연이 아니다. _ 사진은 벼가 자라고 있는 발렌시아의 넓은 평야

쌀은 밀보다 단위 면적당 칼로리 생산량이 3배나 높다. 대신 많은 물과 노동력을 필요로 한다. 다시 말해 물을 충분히 공급할 수 있고, 모를 심고 수확할 노동력이 풍부하다면 밀보다 쌀을 재배하는 것이 유리하다는 뜻이다.

스페인은 넓은 호수와 습지를 이용해 대규모로 쌀을 경작했다. 그렇다고 밀을 완전히 대체할 만큼은 아니었다. 쌀은 단지 선택할 수 있는 여러 식재료 중 하나로 취급받았다. 스페인처럼 경작지가 넓지 않은 이탈리아 북부에서 쌀은 밀농사가 흉작일 때 밀을 대체하는 구황작물처럼 여겨지기도 했다. 제노바와 베네치아 상인들이 해로로 이탈리아산 쌀을 수출했다는 기록도 남아 있다.

쌀과 삶을 대하는 서로 다른 시선

두 나라에서 오늘날과 같은 형태의 파에야와 리소토가 등장하게 된 건 비교적 근래의 일이다. 19세기경 이탈리아의 한 요리사가 발간한 요리책에서 리소토라는 단어가 처음 등장하면서 서민의 먹거리로 여겨지던 쌀 요리는 단숨에 고급요리로 격상됐다.

가장 잘 알려진 리소토는 밀라노식이다. 사프란 saffron 으로 화려한 노란 빛깔을 내고 진한 소고기 육수와 버터, 치즈 등으로 맛을 낸다. 재료만 봐도 꽤 호화스러운 음식임을 단번에 알 수 있다.

파에야도 비슷한 시기의 요리책에 언급된다. 스페인 남동쪽에 위치한 발렌시아는 파에야의 본고장이다. 넓은 팬에 각종 재료를 넣어 볶는데 닭이나 오리, 토끼뿐 아니라 개구리나 달팽이를 넣기도 했다. 고급스러운 리소토에

비하면 파에야는 꽤나 소박한 음식이다.

스페인 세비야에 머물면서 파에야를 만드는 과정을 가까이서 볼 기회가 있었다. 처음부터 끝까지 보고 나니 문득 이탈리아 요리학교에서 리소토를 만들던 경험이 떠올랐다. 동시에 한 가지 생각이 들었다. 다른 요리처럼 보이지만 사실 두 요리는 같은 뿌리가 아닐까?

리소토는 재료와 쌀을 기름에 한 번 볶은 후 육수를 천천히 붓고 저어 크림 같은 질감을 내는 요리다. 반면, 파에야는 볶은 재료에 육수를 붓고 쌀을 맨 마지막에 넣고 한 번만 저어 눌어붙은 볶음밥 같은 형태로 낸다. 조리과정과 결과물만 얼핏 보면 다른 요리지만 쌀을 대하는 방식은 같다.

멀리 갈 필요도 없이 한국에서 쌀을 먹는 법을 생각해 보자. 쌀에 물을 붓고 끓

리소토는 소고기 육수와 버터, 치즈 등을 넣고 볶아 크림 같은 질감을 낸다. 경우에 따라서 파르미지아노 치즈통 안에 직접 넣고 리소토를 조리하기도 한다. 리소토에는 세상에서 가장 비싸다는 향신료 사프란이 들어가는데, 곱고 화려한 빛깔로 음식의 격조를 높인다.

파에야는 볶은 재료에 육수를 붓고 쌀을 맨 마지막에 넣고 한 번만 저어 눌어붙은 볶음밥 같은 형태로 낸다. 조리과정과 결과물만 얼핏 보면 리소토와 다른 요리지만 쌀을 대하는 방식은 같다.

여 밥을 짓는다. 다른 곡식을 넣거나 특별한 향기를 입히기 위헤 향채를 넣는 경우를 빼고는 물 이외에 다른 것을 첨가하는 경우는 거의 없다. 쌀로 만든 밥 그 자체의 맛을 중요시하고 필요한 다른 맛은 반찬으로 대체한다. 밥과 찬이 있는 동아시아의 식문화다.

파에야나 리소토의 경우는 다르다. 쌀에 맛을 적극적으로 입힌다. 쌀을 파스타면 정도로 인식한다고 할까. 고기나 해산물, 채소 육수를 부어 쌀에 재료의 맛을 배게 한다는 점에서 보면 두 요리는 닮아 있다.

물로 지은 밥과 각종 맛있는 요소들을 넣어 지은 밥. 아시아인과 유럽인이 다른 삶을 살아가는 것처럼 쌀도 다른 방식으로 소비되고 있는 셈이다.

FLAVOR
ROAD

23

시칠리아에서
여름나기

어릴 때 잘 먹지 않았지만 크고 나서 잘 먹게 되는 이른바 '어른의 음식'이 있다. 가끔 주위 사람들에게 이런 얘기를 꺼내면 열에 일곱은 듣게 되는 이름의 식재료가 있다. 바로 가지다.

어릴 적 여름철이면 어김없이 밥상에 올랐던 가지무침은 기피 대상 1호였다. 식욕을 뚝 떨어뜨리는 푸르죽죽한 빛깔과 기분 나쁘게 물컹거리는 식감이 좋지 않았다. 맛이 있고 없고를 떠나 가지요리는 아이에게 원초적인 불쾌감을 주는 존재였다.

대체 무슨 맛으로 가지를 먹는지 그때는 이해할 수 없었다. 의외로 비슷한 경험을 갖고 있는 이들이 많았는데 흥미로운 건 그들 중 아직도 가지를 싫어하는 이는 별로 없다는 사실이다. 다들 일부러 찾아 먹으러 다닐 만큼 즐기는 음식이 됐다는 걸 보니 가지는 확실히 어른의 음식이란 생각이 든다.

몹쓸 식물?!

이탈리아 어린이들은 어떻게 생각할지 모르겠지만 이탈리아에서 가지는 꽤 인기 있는 식재료다. 식당 어디를 가도 가지를 이용한 요리를 찾아볼 수 있다. 특히 시칠리아는 이탈리아 가지요리의 메카로 통한다. 이탈리아 전통요리 중 가지가 들어간 요리라면 그 본적은 십중팔구 시칠리아일 공산이 크다. 중국과 인도가 고향으로 알려진 가지는 어째서 시칠리아와 인연을 맺게 된 것일까? 이는 다사다난한 시칠리아의 역사와 관계가 있다.

가지를 처음 유럽에 전한 건 아랍인들이었다. 가지는 6세기 즈음 실크로드를 통해 중동에 당도했다. 로마제국의 붕괴 이후 유럽 진출을 노리던 이

슬람 세력은 9세기경 이베리아반도와 시칠리아를 완전히 점령함으로써 남
유럽의 패권을 손에 넣었다. 이 시기에 중앙아시아의 여러 문물과 식재료가
유럽에 이식되었는데, 가지와 아몬드, 석류 등이 시칠리아와 이베리아반도
에 뿌리내리기 시작했다.

가지는 중동에선 맛있는 식재료 중 하나였지만, 이슬람 세력권 밖에서는
꽤 오랫동안 몹쓸 식물로 여겨졌다. 그 당시 재배됐던 가지는 지금과 달리
쓴맛이 강했다. 심지어 생으로 먹으면 구토와 발작을 일으키기도 해 많은
유럽인들이 기피했다.

가지가 유럽에서 먹을 만한 식재료로 인정받게 된 건 16세기경이다. 꾸준한 품종 개량 외에도 아랍과 유럽의 교집합 역할을 한 시칠리아와 이베리아 지역 요리사의 역할도 있었으리라 추측해 본다.

가지의 무한변신

요즘은 사시사철 가지를 구할 수 있지만 역시 제철은 여름이다. 양분을 한껏 머금은 가지는 지중해의 뜨거운 태양 아래 서서히 보랏빛으로 물든다. 유럽의 가지를 보면 우리 가지와 생김새가 다르다. 동아시아의 가지가 가늘고 긴 모양이라면 유럽의 가지는 크고 둥근 편이다. 작은 건 계란 정도 크기지만 큰 것은 사람 머리만 하다.

원래 가지의 색은 자주색부터 흰색, 녹색, 줄무늬까지 꽤 다양했지만 소비자가 진한 자주색을 선호하는 바람에 오늘날 볼 수 있는 가지는 대부분 한 가지 색이 됐다.

시칠리아 사람들은 가지를 어떻게 요리해 먹을까? 데치고 절이고 볶는 우리와 달리 서양에서는 굽고 튀기는 조리방식이 일반적이다. 가지는 스펀지처럼 기름을 흡수하는 성질이 있어 기름으로 조리하면 꽤 고열량 음식으로 변한다.

시칠리아에 더운 여름이 오면 뭐니 뭐니 해도 '카포나타caponata'가 제격이다. 가지를 먹기 좋은 크기로 튀기거나 구운 다음 익힌 양파와 셀러리, 토마토와 함께 섞고 식초와 설탕을 가미해 먹는 대표적인 여름음식이다. 지역과 기호에 따라 케이퍼caper, 아몬드 등 각

카포나타

노르마 파스타

종 부재료를 넣어 먹기도 한다. 이탈리아어로 '아그로돌체^{agrodolce}', 직역하면 '새콤달콤'이 되는데, 더위에 지친 입맛을 돋워 준다.

가지가 들어간 파스타도 있다. 시칠리아식 파스타 하면 빠지지 않고 언급되는 것이 노르마 파스타^{pasta alla norma}다. 이름만 보면 아랍의 뒤를 이어 시칠리아를 한동안 지배한 노르만 세력과 연관이 있을 것 같지만 전혀 상관이 없다. 이 파스타의 이름은 19세기 이탈리아 오페라 작곡의 거장으로 손꼽히는 빈첸초 벨리니^{Vincenzo Bellini, 1801~1835}의 작품 〈노르마〉에서 유래했다. 음식에 이름 붙이기 좋아하는 이탈리아인들이 단순히 벨리니의 고향이 시칠리아라는 이유로 헌정을 한 건지 아니면 벨리니가 즐겨 먹어서인 건지 알 방도는 안타깝게도 없다.

노르마 파스타는 가지의 맛이 이렇게도 변할 수 있다는 걸 보여 주는 좋은 예다. 가지를 진한 갈색이 날 정도로 오래 튀기면 구운 야채 특유의 풍미가 더해지면서 질감은 크림처럼 물러진다. 여기에 소금을 살짝 토마토 소스에 넣고 버무리면 캐러멜처럼 달콤해진 가지의 진한 향이 토마토의 감칠맛에 더해진다. 어릴 적 가지요리를 노르마 파스타로 접했다면 가지에 대한 추억이 조금은 더 아름다웠지 않았을까 싶은 맛이다.

FLAVOR
ROAD

24

스칸디나비안의
크리스마스를
맛 보 다

성탄절의 명절 논쟁

연말 한 모임에서 이런 이야기가 나왔다. '민족 최대의 명절'에 설, 추석과 함께 크리스마스를 포함시켜야 하는 게 아니냐는 것이다. 뜬금없이 한바탕 토론이 벌어졌다.

명절의 사전적 정의를 살펴보면 '한 민족이 매년 특정한 날을 기념하는 것'이라고 되어 있다. 비록 서양에서 유래한 것이긴 하지만 이젠 우리 삶 깊숙이 자리 잡았기에 충분히 명절이 될 자격이 있다는 게 성탄절 명절론자의 주장이었다.

반론도 만만찮았다. 크리스마스가 명절이 될 수 없는 결정적인 이유는 그날을 기념하는 우리만의 음식이 없다는 것! 명절의 진정한 의미가 가족들이 한자리에 모여 음식을 먹으며 정을 나누는 것인데 우리에게 크리스마스는 단지 연인들이 선물을 주고받는 날에 머물러 있다는 게 불가론자의 이유였다.

한편에서 이런 논쟁을 하든가 말든가, 유라시아 대륙 정반대 편에 있는 유럽에서 크리스마스는 명실상부한 민족 최대의 명절이다. 정확하게는 가톨릭과 개신교를 믿는 유럽의 여러 민족이 1년 중 가장 손꼽아 기다리는 시기이기도 하다.

크리스마스 시즌이 다가오면 집집마다 특별히 만들어 먹는 음식이 있다. 그들에게 크리스마스는 단지 선물을 주고받는 날 이상으로 가족애를 나누고 이웃과 정을 주고받는 특별한 시간이기 때문이다.

12월에 찾은 북유럽은 크리스마스 분위기가 완연했다. 이 시기 유럽 주요 도시 곳곳에선 너 나 할 것 없이 크리스마스 마켓이 열린다. 장터에 먹거리를 빼놓을 수 없듯 크리스마스 마켓의 백미는 역시 다채로운 먹거리다.

크리스마스 마켓의 백미

12월 중순 찾은 북유럽은 크리스마스 분위기가 완연했다. 이 시기 유럽 주요 도시 곳곳에선 너 나 할 것 없이 크리스마스 마켓이 열린다. 연말을 맞아 열리는 일종의 장터인 셈이다. 장터에 먹거리를 빼놓을 수 없듯 크리스마스 마켓의 백미는 역시 다채로운 먹거리다.

그중에서 크리스마스 시즌을 상징하는 대표적인 먹거리는 향신료를 넣어 만든 따뜻한 와인이다. 영어로는 멀드와인mulled wine, 독일에서는 글뤼바인Glühwein, 프랑스에선 뱅쇼vin chaud, 북유럽에선 글뢰그스웨덴은 glögg, 노르웨이와 덴마크는 gløgg로 표기 등으로 불린다. 동네마다 부르는 이름은 다르지만, 기본적으로 와인에 시나몬과 정향, 팔각 등 각종 향신료와 과일과 같은 부재료를 넣고 끓인 후 따뜻하게 데워 마신다는 공통점이 있다.

이 사람들은 왜 와인을 끓여 먹기 시작했을까? 일단 한모금 마셔 보면 그 이유를 짐

뜨거운 와인에 곁들여 먹는 진저 브레드는 쿠키에 가깝다. 앙증맞은 모양을 한 진저 브레드가 크리스마스의 분위기를 북돋운다.

북유럽의 혹독한 겨울 추위를 녹이는 데는 뜨겁게 데운 와인만한 게 없다.

작할 수 있다. 겨울 혹독한 추위를 단번에 녹이는 데 이보다 좋은 특효약이
없기 때문이다.

향신료는 고대부터 유럽인들에게 입맛을 돋우는 조미료인 동시에 약재
였다. 향신료를 기반으로 한 약학이 정립되기 시작한 후 근대에 이르기까
지 유럽에서 향신료 가게는 우리로 치면 한약방 같은 곳이었다. 자체로도
영양가 있는 와인을 따뜻하게 데워 향신료까지 더했으니 이보다 좋은 겨울
철 음료가 또 있을까. 북유럽과 같이 추운 지방에서는 보드카^{vodka}나 스냅스
^{schnapps} 등 독한 증류주를 더해 알코올 도수를 높인 멀드와인을 마시며 추
위를 견딘다.

멀드와인에 함께 곁들여 먹는 게 있다. 생강으로 만든 과자인 진저 브레
드^{gingerbread}다. 빵(브레드)이라고 하지만 사실 쿠키에 더 가깝다. 시금털털한

맛의 멀드와인에 달콤함을 더해 주는 역할을 한다.

북유럽 크리스마스 마켓에서만 볼 수 있는 또 하나의 먹거리는 바로 사슴고기로 만든 햄버거다. 북유럽의 사슴은 우리가 쉽게 떠올리는 꽃사슴의 모양새를 생각해서는 곤란하다. 소에 가까운 덩치를 가진 엘크elk와 순록은 같은 사슴과이지만 꽃사슴과는 종이 다르다. 고양이와 호랑이의 차이랄까. 엘크와 순록은 과거 혹독한 추위의 겨울이 매년 찾아오는 스칸디나비아 반도에서 운송 수단이자 식량, 그리고 옷감 등 자재를 제공해주는 유익한 동물이었다.

삶 속에서 함께하다 보니 북유럽과 북미에서 사슴고기는 돼지고기나 소고기만큼 흔한 식재료에 속한다. 사슴버거라고 해도 흔히 접할 수 있는 햄버거와 그 맛이 비슷하니 괜한 혐오감을 가질 필요는 없다.

북유럽의 크리스마스 마켓을 다니다보면 사슴버거를 파는 노점상을 쉽게 만날 수 있다. 이곳에서 엘크와 순록 같은 사슴고기는 돼지고기만큼 흔한 식재료다.

춥고도 먼 북유럽까지 간 이유

사실 북유럽에 간 목적은 단 하나! 통조림 안에서 삭힌 청어, 수르스트뢰밍 surströmming을 맛보고 싶어서다. 하지만 수르스트뢰밍을 먹는 계절은 여름이 다. 아쉬운 대로 겨울철에만 먹는다는 루테피스크lutefisk를 맛보았다. 악취를 자랑하는 수르스트뢰밍도 흥미로운 음식이긴 하지만, 살펴보면 루테피스크 도 그 태생이 범상치 않다.

루테피스크는 소금에 절여 말린 대구를 양잿물에 담가 흐물흐물하게 만 든 걸 뜻한다. 보통 버터를 발라 굽거나 쪄서 먹는다. 기원에 대해서는 전설 처럼 전해 내려오는 여러 이야기가 있지만, 겨울철 말린 대구를 삶을 때 쓸 땔감이 부족해 강알칼리성 용액, 즉 잿물에 담가 부드럽게 만든 후 삶는 시 간을 단축하고자 개발된 조리법이라는 설이 가장 설득력 있다.

흐물흐물한 젤리 같은 식감이 재미있는 루테피스크는 북유럽의 겨울철 별미다. 원래는 삭힌 홍어에 견줄 만큼 특유의 냄새를 자랑하는 음식이었다 고 한다. 사람들이 점차 강한 맛을 거부함에 따라 악취가 덜한 루테피스크 가 개발돼 인기를 끌었고, 오늘날에는 자극적인 향을 자랑하는 루테피스크 는 그 자취를 거의 감추었다.

가족끼리 혹은 이웃 간에 오순도순 둘 러앉아 루테피스크와 사슴고기로 식사 를 하고 글뢰그를 마시며 한 해를 마무 리하는 장면은 참 훈훈하다. 민족 최대 의 명절을 보내는 북유럽 사람들의 행복 한 모습이다.

북유럽에서 겨울에 즐겨 먹는 대구요리 루테피스크

북유럽의 겨울은
상상을 초월할 만큼 춥고 길다.
12월엔 해가 짧아
오후 4시만 되면 어두워지고
아침 8시가 넘어야 서서히 밝아진다.
혹독한 겨울 내내
길고 어두운 밤을 보내야 하는
스칸디나비안들에게
크리스마스는 각별하다.
북적거리는 마켓에 나와
따뜻한 와인과 음식을 나누며
서로의 외로움을 보듬어준다.

FLAVOR
R O A D

25

폴 리 티 크
누   들
[politique noodle]

분단의 상징이었던 판문점에서 극적인 남북 정상회담이 이뤄졌던 그날, 양국 정상의 이름 다음으로 세간의 주목을 받은 단어는 바로 평양냉면이었다. 차가운 육수에 면을 말아 넣은 요리가 만찬 식탁에 오르는 순간, 실향민의 향수를 상징하던 냉면은 단숨에 평화와 통일의 상징으로 자리잡았다.

해외에서는 '누들 외교'라 평가하면서 냉면이 시종일관 화제가 됐고 서울 시내의 평양냉면집들은 본의 아닌 특수를 누렸다. 회담 결과를 놓고 정치권에서 설왕설래한 것처럼 일명 '평냉 마니아'들은 만찬장에 등장한 평양냉면을 놓고 원류와 아류를 따졌다. 서울에서 먹는 것은 진짜 평양식이 아니고 서울식이라거나, 서울식이 도리어 평양냉면의 전통을 지키고 있다는 주장이 오갔다.

사연이야 어찌 됐든 중요한 건 평양냉면이 평양을 상징하면서 동시에 서울을 상징하는 특수한 위치에 있는 음식이라는 사실이다. 두 정상이 면발을 휘날리며 냉면을 맛있게 먹는 모습은 우리가 원래 같은 음식을 먹고 같은 문화를 공유하던 하나의 민족이었다는 사실을 다시금 일깨워 주는 가슴 뭉클한 장면이었다.

파스타와 민족주의

세계사를 살펴보면 통일의 상징이 된 면요리가 앞서 하나 더 있었으니, 바로 이탈리아의 파스타다. 이탈리아도 분단된 적이 있었나 싶지만 고대 서로마제국이 멸망한 5세기부터 19세기까지 이탈리아는 하나의 온전한 국가가 아니었다. 거의 1400년이 넘는 세월 동안 여러 군소 국가로 갈라져 있었다.

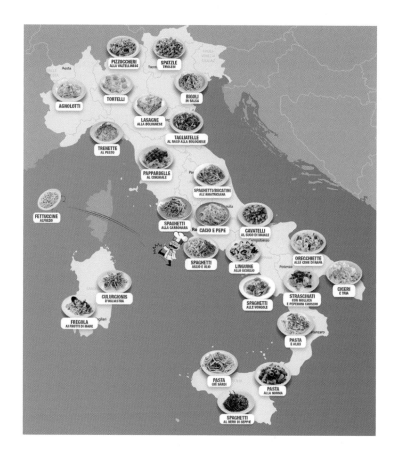

이탈리아가 지금처럼 통일된 국가의 모습을 갖추게 된 건 비교적 근래의 일이다. 대체 파스타가 통일과 무슨 연관이 있었을까?

19세기 말 이탈리아의 통일은 북부의 사르데냐^{Sardegna} 왕국의 주도로 이뤄졌다. 사르데냐 왕국은 '붉은 셔츠단'으로 상징되는 주세페 가리발디 Giuseppe Garibaldi, 1807~1882 장군의 활약으로 오스트리아의 지배를 받고 있던 베네치아, 그리고 교황령의 로마, 남쪽의 나폴리 왕국을 무력으로 강제 병합했다. 이 때문에 통일 초기 남부 이탈리아 사람들의 저항감은 상당했다. 정치적으로 통일은 이루었지만 '하나 된 이탈리아 국민'이라는 소속감을 줄 수 있

파스타가 이탈리아인의 음식이라
는 인식이 정착된 데에는 한 요리
저술가의 공이 컸다. 1891년 펠레그
리노 아르투시는 이탈리아 전역을
누비며 집대성한 책에서 각 지역마
다 파스타의 생김새와 소스가 제각
각이라는 사실을 밝혔다.

는 사상적 토대가 필요했다. 여기에 일익을 담당한 것이 바로 파스타였다.

이탈리아 지형을 살펴보면 북부 평야지대를 북쪽의 알프스^{Alps} 산맥과
남쪽의 아펜니노^{Appennino} 산맥이 둥글게 감싸고 있는 형태다. 아래로는 아
펜니노 산맥이 이탈리아 반도 중심을 지나며 동서를 가른다. 예로부터 이
탈리아 지역은 도시 간에 서로 왕래가 쉽지 않았고 기후와 환경이 천차만
별이었다. 문화나 언어, 생김새도 달랐다.

그럼에도 한 가지 공통점이 있었는데, 바로 밀로 만든 면 요리, 파스타를
즐겨 먹었다는 것이다. 다른 주식, 빵과 치즈는 인근 나라에서도 공통적으
로 먹는 음식이지만 파스타만큼은 확실히 이탈리아 사람들만이 즐겨 먹는
음식이었다. 파스타 덕에 '우리는 파스타를 먹는 민족'이라는 개념이 만들
어질 수 있었던 것이다.

통일 직후 파스타가 이탈리아인의 음식이라는 인식이 정착된 데에는 한
요리 저술가의 공이 컸다. 펠레그리노 아르투시$^{Pellegrino\ Artusi\ 1820~1911}$는 이탈
리아 전역을 누비며 지방 요리를 집대성한 『요리의 과학과 맛있게 먹는 방
법$^{La\ scienza\ in\ cucina\ e\ l'arte\ di\ mangiare\ bene}$』이란 책을 1891년 출간했다.

아르투시의 책에 따르면 지방마다 파스타의 생김새도 달랐고 구할 수 있

는 재료에 따라 파스타 소스가 천차만별이었다. 외래 품종인 토마토는 오히려 특정 지방색이 없다는 사실 때문에 이탈리아 전체를 대표하는 소스가 될 수 있었다. 당시 베스트셀러가 된 이 책을 통해 이탈리아인들은 다른 지방에서도 여러 종류의 파스타가 존재한다는 걸 알게 됐다.

음식에 담긴 정체성

이탈리아인의 정체성을 만들어 준 파스타지만 한때 괄시를 받기도 했다. 1930년대 일부 급진적인 민족주의자와 파시스트 들은 파스타가 영양가 없고 먹으면 소화도 안 되며 게을러지는 음식이라고 폄훼했다. 이탈리아의 작가 필리포 마리네티Filippo Tommaso Marinetti, 1876~1944는 심지어 '파스타 몰아내기 캠페인'을 벌이기도 했다. 당시 미국처럼 나라가 부강해지려면 파스타 위주의 이탈리아 식탁을 미국식 고기 위주의 식단으로 바꿔야 한다는 나름의 논리 때문이었다. 이런 바람은 마리네티가 식당에서 몰래 파스타를 먹는 장면이 신문에 실리면서 일축됐다. 가장 열성적으로 파스타 추방을 주장하던 그조차 어릴 적부터 먹어 왔던 민족의 음식 파스타를 거부할 수 없었던 셈이다.

평양냉면이 이탈리아인의 정체성으로 승화된 파스타보다 대표성은 떨어질지언정 남과 북이 같은 음식을 먹는 한 민족이라는 사실을 일깨워 주는 상징성을 지니고 있는 것만은 부인할 수 없다. 이탈리아를 통일하는 데 기여한 가리발디는 "단언컨대 통일의 주역은 파스타"라고 했다. 언젠가 우리도 "남북통일의 주역은 그날의 평양냉면"이라 말할 수 있는 날이 올까.

FLAVOR
ROAD

26

이 탈 리 안
커   피
부   심

미국의 커피 체인점 스타벅스가 결국 이탈리아에 상륙했다. 스타벅스가 전 세계에 지점을 두고 있는 걸 생각해 보면 무슨 호들갑인가도 싶지만 굳이 비교하자면 일본의 김치 브랜드가 한국에 진출한 상황과 같다고 할까.

이탈리아 사람들 눈에 비친 스타벅스는 이탈리아 문화를 카피한 일종의 '짝퉁'이다. 실제로 스타벅스의 창업자는 이탈리아 여행 중에 커피사업 아이디어를 얻었다고 공공연하게 이야기한다. 미국식 자본주의의 상징 스타벅스가 과연 커피 종주국으로 자부심 높은 이탈리아에서도 성공할 수 있을까?

근대를 깨운 각성제

커피의 원산지는 아프리카 에티오피아다. 커피를 음료로 마시기 시작한 곳이 이탈리아도 아닌데 어째서 이탈리아 사람들이 '커피 부심'을 갖게 된 걸까?

이탈리아의 커피를 이야기하기 전에

커피가 어떻게 유럽으로 건너가 사람들의 입맛을 사로잡은 음료가 됐는지를 먼저 짚어볼 필요가 있다. 커피의 발견에 대해선 여러 설이 있다. 어떤 열매를 먹은 염소가 잠들지 않고 날뛰는 것을 본 성직자들이 잠을 쫓기 위해 커피를 음료로 만들었다는 것부터, 잠을 많이 자는 병에 걸린 선지자 무함마드를 위해 천사가 커피를 하사했다는 이야기도 있다. 진위 여부는 그다지 중요하지 않다. 주목할 건 커피가 잠을 쫓고 정신을 명료하게 만드는 어떤 힘이 있는 음료로 인식됐다는 점이다.

각성 효과가 있는 커피의 가치를 맨처음 발견한 건 아랍인들이었다. 그들은 에티오피아 고산지대에서 자라는 커피를 인근 예멘에 옮겨 심으면서 본격적인 상업재배를 시작했다. 교역과 전쟁을 통해 아랍의 커피 문화를 접하게 된 유럽의 상류층은 이 이국적이고 매혹적인 음료에 금방 빠져들었다.

이탈리아 베네치아는 커피가 유럽으

로 들어오는 입구 역할을 한 만큼 커피를 빠르게 받아들였지만 정작 카페 문화를 선도한 곳은 프랑스 파리였다. 17세기 무렵 유럽 곳곳에 카페가 유행처럼 번지기 시작했다. 1683년 베네치아에 처음 생긴 카페는 아랍풍으로 꾸며진 일종의 외국문화 체험 공간이었다. 1702년 파리에 문을 연 프로코프Le Procope 카페는 유럽식으로 꾸며진 최초의 카페였다.

아랍인들이 그러했듯 유럽사람들은 카페에 모여 커피를 마시며 정신이 맑아진 상태, 때로는 고양된 상태에서 이야기를 즐겼다. 학자들은 카페가 단순히 음료를 마시는 곳을 넘어 서로 의견을 나누고 여론이 모이는 공론장 역할을 했고 이때부터 근대정신이 싹트기 시작했다고 보고 있다. 당시만 하더라도 커피는 커피가루를 물에 넣고 끓이는 아랍식으로 제공됐다. 모래알 같은 찌꺼기가 남는 아랍식 추출 방식의 단점을 보완하기 위해 티백을 이용하는 등의 시도도 이뤄졌고 맛에 대한 개선 노력도 끊이지 않았다.

빠르게 마시고 빠르게 사라진다!

1884년 열린 이탈리아 토리노 박람회에 에스프레소espresso 머신이 등장하면서 전 세계 커피 산업의 판도가 바뀌기 시작했다. 고압으로 추출한 커피 맛도 혁신적이었지만 인기를 끈 비결은 1시간에 300잔, 단 몇 분이면 십 수 잔의 커피를 만들 수 있다는 점이었다.

에스프레소 머신의 성공에 힘입어 20세기 초 이탈리아는 전 세계 커피 산업을 주도했다. 에스프레소 머신은 개량을 거듭해 불티나게 팔렸고, 가정에서도 쉽게 커피를 추출하는 커피포트가 출시되면서 안팎에서 커피를 소비할

빠르게 추출되는 에스프레소는 특히 1950년대 이탈리아의 경제 성장과 궤를 같이 했다. 일터에 나가는 이탈리아인들은 에스프레소를 한 잔 들이키며 하루를 시작했다.

수 있는 환경이 조성됐다. 이탈리아는 전 세계에서 막대한 양의 원두를 수입해 가공·판매할 뿐 아니라 커피를 완성시키는 머신까지 모든 과정에 관여하면서 커피에 '메이드 인 이탈리아'를 각인시켰다.

    빠르게 추출되는 에스프레소는 특히 1950년대 이탈리아의 경제 성장과 궤를 같이했다. 일터에 나가는 이탈리아인들은 에스프레소를 한 잔 들이키며 하루를 시작했다. 대체로 진한 에스프레소에 설탕을 곁들였다. 카페인의 각성 효과와 더불어 설탕으로부터 에너지를 얻었다. 그들에게 커피는 하루를 시작하기 위한 연료였던 셈이다.

에스프레소를 기반으로 다양한 방식의 커피 음료가 탄생했다. 우유를 섞은 카페 라테^{cafe latte}, 우유 거품을 이용한 카푸치노 cappuccino와 마키아토^{macchiato} 등이 대표적이다. 이탈리아인에게 커피에 우유가 아닌 다른 것을 섞는다는 건 상상할 수 없는 일이다. 특히 에스프레소에 물을 가득 타 묽게 만든다는 건 이탈리아인에게는 말도 안 되는 일이다. 무더운 여름날 갓 뽑아낸 에스프레소를 얼음물에 타 마시는 나를 보고 경멸의 눈초리를 보내던 이탈리아 친구의 눈빛이 아직도 잊히지 않는다.

대부분 이탈리아인들은 그들의 기질만큼이나 커피를 빠르게 마시고 빠르게 사라진다. 밀라노의 스타벅스 매장은 우리에게 친숙한 카페가 아닌, 마치 커피를 테마로 한 놀이공원처럼 꾸며놓았다. 커피 자체를 위한 공간이라기보다 일종의 문화체험 공간인 셈이다.

스타벅스의 이탈리아 상륙은 어쩌면 커피가 삶의 일부인 이탈리아인들에게 큰 영향을 주지 않을지도 모른다. 이탈리아의 유명 커피 메이커들도 스타벅스를 그다지 의식하지 않는 모양새다. 하지만 대중은 언제나 변덕스럽고 새로운 걸 원하는 법. 커피 종주국에 발을 들인 스타벅스 밀라노점이 이탈리아인들에게 미국식 커피 문화를 선사하는 흥미로운 장소가 될지, 아니면 그저 관광객의 순례지로 전락할지는 좀 더 두고 볼 일이다.

FLAVOR
ROAD

27

현 지 의
맛

이탈리아에서 요리를 배웠다는 이력 때문인지 현지의 맛을 물어보는 사람들이 종종 있다. 보통 한국에서 이탈리아 음식을 함께 먹는 자리에서다. 사실 현지의 맛이란 것도 명확한 실체가 있는 게 아니기에 그럴 때마다 좀 난감해진다. 우리는 왜 현지의 맛에 연연하는 걸까?

언젠가 그 해 추석 연휴 마지막 즈음, 책 출간을 기념해 하루 동안 시칠리아 음식을 선보이는 행사를 준비하고 있었다. 시칠리아에서 만들어 먹었던 음식을 그대로 재현해 맛의 경험을 나누고 싶었다. 가능한 한 현지에서 쓰던 레시피 그대로 구할 수 있는 재료들로 구색을 갖추고 메뉴를 짰다.

테스트 겸 완성된 요리를 입에 넣는 순간 머릿속이 금세 새하얗게 됐다. 분명히 같은 재료, 같은 중량, 같은 조리법으로 만들었는데도 기대하던 맛과는

식재료는 모양이 같다고 해서 맛도 같으리란 법이 없다. 같은 재료라도 서로 다른 환경에서 자라면 풍미도 달라진다. 서울 도심의 고급한 일식집에서 먹은 도미구이가 동남아 어느 장터에서 맛봤던 해산물 구이의 감칠맛보다 훨씬 못할 수도 있음에 동의한다.

완전히 다른 맛이 펼쳐졌기 때문이었다. 대체 무엇이 문제였을까? 당시엔 같은 재료를 사용했다고 생각했지만 그게 아니었다. 해외에서 음식을 배우고 돌아온 요리사들이 가장 먼저 어려움을 느끼는 부분이 바로 재료의 차이다.

식재료의 세계에서는 모양이 같다고 해서 맛도 같으리란 법은 없다. 같은 재료라도 서로 다른 환경에서 자라면 풍미도 달라진다. 모든 재료를 수입해서 쓴다면 모를까 국내 식재료로 음식을 만든다면 재료 공부를 처음부터 다시 해야 한다.

요리사들이 전국을 누비며 재료 찾기에 공을 들이는 것도 이 때문이다. 요리사마다 추구하는 바는 다르겠지만 적어도 외국에서 요리를 배운 요리사에게 있어 현지의 맛이란 도달해야 하거나 넘어야 할 어떤 목표다.

'플라톤의 이데아' 같은 맛

먹는 사람에게 현지의 맛이란 어떤 의미일까? 새로운 음식을 맛보는 경험
은 주로 여행 중에 얻는다. 음식을 만드는 것이 직업인 요리사나 대단한 미
식가가 아닌 이상 같은 음식을 여러 번 먹는 법은 없다. 지역에서 유명하다
는 음식을 한두 번 먹어 보고는 맛 경험을 일반화시키는 게 대부분이다. 이
런 식으로 개인에게 현지의 맛이라는 개념이 생긴다. 처음 맛본 음식에 대
한 경험은 일생에 걸쳐 각인된다. 여행지에서 먹었던 음식을 파는 국내 식
당에서 맛을 평가할 때는 앞서 먹어 본 맛의 경험이 절대적인 기준이 된다.

그런데 여행지에서 먹은 음식이 과연 그 음식의 맛을 대표할 수 있을까?
이렇게 생각하면 수용자가 느끼는 현지의 맛이라는 건 참으로 모호하다. 이
탈리아의 파스타만 하더라도 지역마다, 식당마다, 만드는 사람에 따라 다양
한 맛을 낸다. 어떤 것을 먹어야 현지의 맛을 맛보았다고 자신할 수 있을까?

우리는 무의식적으로 어떤 음식의 맛에는 원형이 있으리라 여긴다. 마치
평양에는 부정할 수 없는 평양냉면의 기준이 있으리라 기대하는 것과 같다.
이런 기대감은 평양에 가 볼 수 없기에 더더욱 높아진다. 사실 그런 건 '모
두가 만족할 만한 조세정책'처럼 세상에 존재하지 않는 환상에 불과하다.

어떤 음식의 맛이란 그리스의 철학자 플라톤Plato, BC427~BC347이 말하는 '이
데아'와 가깝다. 의자라는 하나의 이데아(관념)는 공유하지만 머릿속에 떠올
리는 의자의 형태는 각각 다르다. 누군가는 교실에 쓰는 나무 의자를 떠올릴
수 있고, 누군가는 사무실에서 쓰는 통풍이 잘되는 의자를 떠올릴 수 있다.

맛있는 김치찌개 하면 어떤 게 생각나는가? 내가 맛있다고 생각하는 김
치찌개와 누군가가 생각하는 김치찌개의 맛은 결코 같지 않다. 각자가 겪어

맛은 음식 자체에만 있지
않다. 인간은 음식의 맛을
느끼는데 있어서 혀와 코
뿐 아니라 시각과 청각 등
다양한 감각을 활용한다.
여기에는 개인의 경험과
기억, 그날의 컨디션, 분
위기 등도 영향을 미친다.

온 맛의 경험이 다른 탓이다. 같은 음식을 두 사람이 함께 먹어도 각자가 느끼는 맛 경험은 다르다. 같은 김치찌개를 먹어도 누군가는 맵다고 느끼고 누군가는 맵지 않다고 한다. 맛을 느끼는 감각기관의 민감도는 개인마다 차이가 있기 때문이다.

나이와 성별, 연령에 따라 맛을 느끼는 정도도 다르다. 아이들은 어른들보다 쓴맛을 더 잘 느낀다고 한다(그래서 피망을 왜 안 먹느냐고 혼내면 안 된다. 그들에게는 정말 먹기 힘든 것일 수 있다). 이처럼 우리는 같은 세계에 살고 있는 것 같지만, 맛에 관해선 저마다 다른 세계에 살고 있다.

그 맛이 아니라고 불평할 필요는 없다

맛은 음식 자체에만 있지 않다. 옥스퍼드대 통합감각연구소 소장이자 심리학자인 찰스 스펜스Charles Spence가 쓴 『Gastrophysics*(국내 출간 제호: 왜 맛있을까)』에서는 음식의 맛을 느끼는 데 있어 혀와 코와 같은 감각기관뿐 아니라 시각, 청각 등 다양한 감각을 활용한다고 설명한다. 여기에는 개인의 경험과 기억, 그날의 컨디션, 분위기 등도 포함된다.

여행하며 현지에서 음식을 먹던 때를 떠올려 보자. 이색적인 분위기에 한껏 들떠 음식을 먹지 않았는지, 실컷 고생을 하다가 극적으로 만난 음식이 아니었는지, 아니면 특별한 누군가와 함께해서 더 맛있게 느꼈던 건 아니었

---

* Gastrophysics는 미식학(gastronomy)과 정신물리학(psychophysics)을 합친 신조어로, 뇌과학·심리학·마케팅·디자인·행동경제학 등 여러 학문을 두루 응용해 음식과 음료를 맛볼 때 여러 감각 경험에 영향을 미치는 요인을 연구하는 분야를 지칭한다.

는지 말이다.

　현지의 맛이란 요리사에게는 목표로 해야 할 어떤 기준점이지만 먹는 이에게는 본인만 아는 추억에 맞닿아 있다. 그 두 지점은 서로 다르지만 통할 수 있는 부분도 있다. 현지식으로 한다는 식당에 가서 '이건 내가 경험한 현지의 맛이 아니야'라고 불평할 필요는 없다. 그 요리사가 느낀 현지의 맛일 수도 있고, 어렵지만 현지의 맛에 가깝게 만들어낸 결과물일 수 있다고 생각하면 말이다.

　여행의 추억을 상기시켜 주는 감동적인 한 끼를 먹었다면? 주방에 감사의 인사를 전하는 걸 권한다. 그러면 요리사 또한 감사한 마음으로 충만할 것이다.

FLAVOR
ROAD

28

라구라고
다 같은
라구가
아니라구

타국의 음식을 탐구할 때면 종종 어려움에 봉착하는 경우가 있다. 특히 용어의 정의가 그렇다. 예를 들어 서양의 스튜stew를 보자. 스튜란 냄비에 재료와 액체를 넣고 뭉근하게 오래 익혀 만드는 요리를 말한다. 우리의 탕이라고 보기엔 국물이 자작하고 조림이라고 보기엔 국물이 좀 흥건하다. 혹자는 찌개라고 하는데, 글쎄 찌개를 그렇게 오래 끓이던가?

형태로 정의하기 힘들 땐 요리의 목적을 생각해 보는 방법도 있다. 냄비에 재료를 넣고 오래 끓이는 이유는? 그냥 먹기엔 질긴 고기 부위를 푹 익혀 부드럽게 먹기 위함이다.

음식을 형태로 정의하기 힘들 땐 요리의 목적을 생각해 보면 된다. 이를테면 스튜를 오래 끓이는 이유는 그냥 먹기엔 질긴 고기 부위를 푹 익혀 부드럽게 먹기 위함이다.

이 때문에 대부분의 스튜에는 고기가 들어 있다. 장시간 익혀 부드러워진 고기와 야채, 그 둘의 맛과 영양을 한껏 끌어안은 소스 같은 국물이 있는 요리를 스튜라 부른다.

그렇다면 수프soup와는 무엇이 다를까? 수프라고 하면 노란 옥수수 수프만 있다고 생각하면 오산이다. 소고기뭇국 같은 멀건 수프가 있는가 하면 스튜와 경계가 모호한 수프도 있다. 국물의 양에 따라 수프와 스튜를 구분한다고도 하는데 사실상 스튜와 수프를 나누는 명확한 경계는 없다고 봐도 좋다.

넙적한 파스타면인 탈리아텔레와 함께 버무려진 이탈리아식 '라구'

개념이 헷갈리는 음식

이렇게 길게 스튜 이야기를 한 건 바로 라구ragu라는 소스를 소개하기 위해서다. 이탈리아 요리를 좋아한다면 한 번쯤은 들어봤을 법한 이름이다. 이때 라구는 파스타와 짝을 이루는 이탈리아식 라구 소스를 의미한다. 이탈리아엔 십여 가지의 라구 소스 종류가 있다.

그중 가장 잘 알려진 것이 볼로냐식이란 뜻의 '라구 알라 볼로네제ragu alla bolognese'다. 곱게 간 고기를 양파와 당근, 셀러리, 토마토 등과 함께 볶은 후 와인이나 육수를 부어 장시간 뭉근히 익혀 만든다. 주로 넙적한 파스타면인 탈리아텔레tagliatelle와 함께 버무려져 나온다. 라자냐lasagna에 들어가는 것도 바로 라구다. 이쯤 되면 궁금해질 법도 하다. 대체 라구와 스튜는 무슨 상관이라는 건지.

이탈리아와 인접한 옆 나라 프랑스에도 라구ragout가 있다. 이름도 비슷하지만 발음도 똑같다. 프랑스의 라구는 이탈리아와는 형태가 좀 다르다. 이탈리아의 라구가 파스타와 버무려 먹는 소스에 가깝다면 프랑스 라구는 고기뿐만 아니라 채소나 버섯, 콩, 생선 같은 다양한 재료를 오랫동안 뭉근히 익혀 만든 음식을 통칭한다. 영미권에서 말하는 스튜의 개념이 프랑스에선 라구인 셈이다. 거의 소스처럼 졸인 라구는 감자나 폴렌타polenta 같은 탄수화물과 함께 먹기도 하기에 프랑스 라구의 정의도 영미의 스튜처럼 모호하기는 마찬가지다. 재료를 냄비에 넣고 오래 끓여 만든다는 점에선 유사점이 있지만 그 위상은 각기 시간 차를 두고 변화를 겪었다. 냄비에 재료

프랑스의 '라구'는 고기뿐만 아니라
채소나 버섯, 콩, 생선 같은 다양한
재료를 오랫동안 뭉근히 익혀 만든
음식을 통칭한다.

를 넣고 끓이는 방식은 매우 서
민적이지만 프랑스의 라구는 르네상
스 이전까지 상류층이 즐기던 요리였다.

'라구'에 얽힌 미식의 문화사

중세의 미식 기준은 재료 자체의 맛을 중시하는 지금과 상당히 달랐다. 중
세의 라구는 재료를 마구 섞고 향신료를 듬뿍 사용한 강렬한 음식이었다.
르네상스가 유럽을 강타하고 난 후 미식의 기준은 바뀌기 시작했다. 얼마나
풍족하게 먹느냐 승부하는 양적 미식에서 재료의 질과 아름다움을 추구하
는 질적 미식의 시대로 진입한 것이다.

　독일의 식문화 저술가 하이드룬 메르클레Heidrun Merkle에 따르면, 17세기
프랑스에서 출간된 『훌륭한 접대의 기술』이란 책의 서문에는 "이제 우리는
더 이상 지나치게 많은 양의 음식을 마련하거나 라구나 프리카세fricassée를
만들거나 혹은 기이하게 여러 가지를 혼합하는 일을 하지 않는다"라고 쓰
여 있다고 했다. 이것저것 넣어 만든 라구가 더 이상 프랑스 상류층의 구미
를 당기지 못하는 요리로 전락한 것이다.

라구는 이탈리아에서 다시 화려하게 부활한다. 이탈리아 라구가 프랑스에서 비롯된 것이라는 데에는 양국 간에 큰 이견은 없어 보이지만 볼로냐식 라구의 기원에 대해서는 여러 설이 있다. 18세기 볼로냐가 위치한 에밀리아로마냐Emilia-Romagna 지역을 나폴레옹Napoléon Bonaparte, 1769~1821이 점령한적이 있었는데 그때 프랑스의 라구가 이 지역에 전해졌다는 설이 있는가하면, 고기 스튜 형태의 요리로 이미 전 지역에 존재해 왔다는 주장도 있다.

이탈리아에서 공식적으로 라구가 처음 언급된 건 18세기 말 무렵 각지의이탈리아 요리를 한 권의 책으로 정리한 펠레그리노 아르투시Pellegrino Artusi, 1820~1911에 의해서다. 19세기 후반까지 이 지역에서 파스타는 서민들은 먹기 힘들었던 고급 식재료였던 걸 감안해 볼 때 한동안 라구 파스타는 고급요리였다는 연구도 있다.

라구는 의외로 집에서 만들기 어렵지 않다. 갈비찜이나 카레를 생각하면쉽다. 단지 재료의 크기만 작을 뿐이다. 갖은 재료를 넣고 오랫동안 약한 불로 익힌다는 개념만 알고 있으면 된다. 굳이 이탈리아 할머니의 라구 비법레시피 같은 건 몰라도 말이다.

세바스티안 브란크스(Sebastiaen Vrancx, 1573~1647), 〈야외 연회〉, 1610년경, 패널에 유채,
91×126cm, 부다페스트 미술관

르네상스가 유럽을 강타하고 난 후
미식의 기준도 바뀌기 시작했다.
이전까지 얼마나 풍족하게 먹느냐 승부하는
양적 미식에서 재료의 질과 아름다움을 추구하는
질적 미식의 시대로 진입한 것이다.

FLAVOR
ROAD

29

서양 음식사의
극   적   인
사   건   들

서양 음식사에서 가장 극적인 사건은 언제였을까? 단골로 언급되는 순간은 1492년, 바로 신대륙이 발견된 해이다. 미국의 역사학자 알프레드 크로즈비 Alfred W. Crosby, 1931~2018는 당시 벌어진 유럽과 아메리카 대륙 간 인적, 물적 교류를 두고 '콜럼버스의 교환'이라 이름 붙였다. 말이 좋아 교환이지 실제로는 일방적인 수탈에 가까웠지만 어쨌든 유럽과 신대륙의 문화적 충돌 이후 세계 식문화 지형도는 크게 변했다. 유럽, 그러니까 구대륙에서는 구경도 하지 못했던 토마토, 감자, 옥수수, 고추 등 신대륙의 작물이 유입됐고, 이들은 이내 유럽인의 식탁을 점령했다.

'콜럼버스의 교환'은, 문화 간 충돌이 대개 비극을 초래하기도 하지만 식문화의 관점에서만 보면 새로운 가능성이 열리는 순간일 수 있다는 점을 시사한다. 기후의 영향을 덜 받고 비교적 척박한 환경에서도 잘 자라는 구황작물인 감자와 옥수수로 인해 유럽은 만성적 기근을 버틸 수 있는 길이 열렸고, 고추나 토마토 같은 작물은 식단의 다양성을 증가시키는 데 큰 몫을 했다.

피멘톤pimenton이라 불리는 고추는 포르투갈과 스페인 음식에서 빠지지 않는 재료 중 하나며, 남미가 고향인 토마토는 비록 스페인 사람들이 처음 먹기 시작했지만 이제는 이탈리아를 대표하는 상징적인 존재가 됐다.

피멘톤이라 불리는 고추.

거대 문명의 운명 같은 충돌

신대륙 발견 말고도 식문화의 극적인 순간은 또 있었다. 두 문화 간의 뿌리 깊은 반목의 역사로 인해 자주 간과되는, 바로 기독교와 이슬람 문화의 충돌이다. 기독교 문화권으로 대표되는 유럽 음식의 근원을 찾다 보면 많은 부분이 이슬람 식문화와 연관이 있음을 종종 목도하게 된다.

유럽의 전통 음식 중 튀기는 요리, 달콤한 디저트, 증류한 술, 견과류와

스페인의 도시를 거닐다보면 길거리에서 무슬림의 영향을 받은 달콤한 디저트들이 자주 눈에 뜨인다.

말린 과일을 이용한 음식 그리고 형형색색 음식에 물을 들여 시각적인 효과를 주는 음식 등은 대부분 이슬람 문화에 빚을 지고 있다. 유럽에서 이슬람 문화의 흔적이 가장 깊게 새겨져 있는 곳은 이베리아반도와 이탈리아의 남쪽 섬 시칠리아다. 시칠리아는 약 200년, 이베리아반도는 무려 780년 동안 무슬림의 지배하에 있었다.

그런데 왜 하필 이 두 지역이었을까? 이유는 지도를 보면 알 수 있다. 두 지역은 유럽에서 북아프리카와 가장 가까운 곳이다. 무슬림들의 안마당이었던 북아프리카와 가깝다는 건 쉽게 건너갈 수 있었다는 것과 동시에 기후도 비슷하다는 의미도 된다. 한국인이 외국에 정착해 살면서 가장 먼저 하는 일은 김치를 담그는 것이다. 배추와 고추가 있으면 좋으련만 없으면 직접 심고 키워야 한다.

낯선 땅을 점령한 무슬림들도 크게 다르지 않았다. 고향의 뜨겁고 건조한 기후와 비슷한 그곳에 그들이 먹는 작물을 심었다. 대표적인 것이 레몬과 오렌지, 가지, 아몬드, 대추야자, 쌀 등이다. 이베리아반도와 시칠리아 두 지역의 식단에서 흔히 볼 수 있는 재료들이다. 스페인 발렌시아 및 세비야가 각각 파에야와 오렌지로, 이탈리아의 시칠리아가 레몬과 아몬드로 유명한 건 이 때문이다.

달콤한 죄악

이슬람 문화는 두 지역의 식문화에도 영향을 끼쳤다. 숨이 멎을 정도로 달콤한 디저트 문화는 무슬림이 남겨준 대표적인 유산 중 하나다. 달콤함에서 오는 쾌락을 죄악으로 여기던 기독교와 달리 이슬람 문화에서 달콤함은 적극적으로 추구해야 할 하나의 목표였다. 음식 역사학자 레이첼 로던Rachel Laudan은 무슬림을 두고, "현세의 쾌락을 의심스러운 눈으로 바라보지 않고 오히려 낙원에서 누릴 기쁨의 예시로 여겼다"고 설명한다.

과일과 벌꿀에서 달콤함을 얻은 기독교인들과 달리 무슬림들은 사탕수수에서 뽑아낸 설탕을 가공해 갖가지 디저트를 만들었다. 단맛에 눈뜬 유럽인들이 훗날 아프리카 노예를 동원해 신대륙에서 대규모 사탕수수 재배를 시작했고, 이를 계기로 인류가 '인권'에 대한 고민을 하게 됐다는 걸 당시의 무슬림은 짐작이나 했을까?

무슬림이 남긴 또 하나의 유산은 증류기술이다. 증류는 이슬람인들이 선호하는 향수나 의약품을 만들기 위해 사용됐다. 무슬림의 증류기술을 알게

무슬림의 안마당이었던 북아프리카와 가까운 스페인 남쪽 세비야에는 거리마다 오렌지 나무가 심어져 있다. 오렌지 나무 뒤쪽으로 보이는 세계에서 세 번째로 규모가 큰 세비야 대성당도 이슬람 사원이 있던 자리에 세워진 것이다.

된 유럽의 연금술사들은 액체를 증류해 새로운 물질을 만드는 데 열정을 다했다. 이런 과정에서 만들어진 것이 '생명의 물'로 불리는 독한 증류주였다. 지금이야 유흥을 위해 독한 술을 즐기지만 당시에는 다 죽어가는 사람을 살리기 위한 진귀한 약으로 통했다.

위스키whisky, 보드카vodka, 테킬라tequila, 코냑cognac 등 오늘날 애주가들의 사랑을 듬뿍 받는 증류주는 아이러니하게도 술을 마시는 걸 율법으로 금한 무슬림의 기술과 연금술사의 황금을 향한 열정이 빚어낸 결과물인 셈이다. 이 역시 무슬림들은 의도하지 않았겠지만 말이다.

FLAVOR
ROAD

30

이탈리아와
프랑스 음식에
얽   힌
사소한 오해

누군가 물었다. 왜 프랑스가 아닌 이탈리아로 요리를 배우러 갈 결심을 했냐고. 이유는 많았다. 우선 파스타에 대한 호기심, 이탈리아라는 나라에 대한 막연한 동경이 있었다.

현실적인 이유로는 프랑스 요리 학교에 비해 극히 저렴한 학비, 프랑스어의 난해함 등이 있어 당시로선 딱히 두 선택지를 놓고 선택을 고민할 정도도 아니었다.

지금 와 생각해 보면 당연하게 이탈리아를 선택했던 가장 큰 이유는 프랑스 요리를 제대로 먹어본 경험이 없어서였다. 평소 접할 기회가 거의 없다 보니 호기심조차 들지 않은 것이다.

음식문화에 대한 강퍅한 시선

사람마다 편차는 있겠지만 이탈리아와 프랑스 요리에 대해 느끼는 심리적 거리감은 대개 동일하지 않다. 이탈리아 요리라고 하면 파스타나 피자 등을 떠올리며 상대적으로 편하게 여기는 한편, 프랑스 요리는 보다 격식을 갖춘 곳에서 먹는 고급 요리로 여긴다. 애초에 프랑스 요리는 고급 요리의 형태로, 이탈리아 요리는 미국식 변형을 거쳐 대중적인 요리의 형태로 우리에게 다가왔기 때문이다.

프랑스 요리가 처음부터 고급 요리의 대명사는 아니었다. 중세 이후 국제적으로 요리로 이름을 날린 건 이탈리아가 먼저였다. 르네상스가 꽃피운 15세기 피렌체와 베네치아, 만토바 등 이탈리아의 부유한 도시국가들은 과학, 패션, 건축, 예술 등 다양한 방면에서 두각을 보였는데 음식도 그중 하나

FLAVOR ROAD 30

였다. 각지에서 온 다양한 산물과 호화로운 식문화를 소비할 수 있는 계층의 등장으로 이탈리아는 당시 유럽에서 가장 선진화된 곳이었다.

그러나 16세기 후반부터 이탈리아 도시국가들이 차례로 정치적 혼란에 휩싸이자 유럽 최고의 요리 지위는 프랑스로 넘어가게 된다. 이때 언급되는 이름이 카트리나 데 메디치Catherine de' Medici, 1519~1589다. 피렌체 명문가의 영애가 프랑스에 시집을 가면서 화려한 이탈리아 식기와 더불어 전속 이탈리아 요리사들을 함께 데리고 갔다는 기록이 있다. 혹자는 이때 식문화의 불모지였던 프랑스에 이탈리아의 선진 식문화가 이식되면서 획기적으로 발전하게 됐다고 주장한다.

그러나 당시 프랑스 궁정에서 카트리나의 위상은 그리 높지 않았고 그녀가 시집 오기 전에도 프랑스 내에서 고급 요리에 대한 연구가 계속되고 있었다는 점을 고려할 때 이탈리아 식문화 이식설은 신빙성이 낮다는 게 설득력을 얻고 있다. 정체돼 있던 서민문화와는 달리 상류문화는 국경을 넘나들며 끊임없이 교류되고 영향을 주고받아 왔기 때문에 이탈리아 요리가 느닷없이 프랑스에 침투했다고 보는 건 무리가 있다는 것이다.

음식뿐 만 아니라 사람에게도

프랑스 요리의 약진은 이탈리아 요리가 그랬듯 정치적, 경제적 이유가 컸다. 이탈리아의 정치적 영향력과 경제력이 하락한 것과 달리 프랑스는 절대왕정의 시기를 맞으며 정치적, 경제적으로 안정을 얻었다. 여기에 힘입어 왕가와 귀족 소속의 프랑스 요리사들은 자신들의 창의력과 개성을 마음껏 뽐

내면서 요리의 문법이 체계화될 수 있었다.

소스가 많은 무거운 프랑스 음식에 비해 이탈리아 음식은 가볍고 경쾌한 조리법으로 재료 본연의 맛을 살리는 요리가 많다고 알려져 있는데, 일부분 맞는 말이기도 하지만 틀린 이야기이기도 하다. 어떤 재료를 사용한다는 건 그 재료의 맛과 향을 음식에 불어넣겠다는 의미다. 프랑스 요리도 물론 재료의 맛을 살리는 데 집중한다. 원재료가 무엇인지 모를 정도로 맛을 뒤죽박죽으로 만드는 건 중세에 유행하던 조리법이다.

장시간 육수를 끓이고 맛의 정수를 끌어올린 소스를 만드는 작업으로 인해 프랑스 요리의 정체성을 농축과 증폭으로 보는 관점도 있다. 지금의 프랑스 요리는 다르다. 약간의 과장을 보태 소 한 마리를 통째로 끓여 육수 한 컵을 만들던 방식은 이미 300년 전에 유행이 끝났다. 열량 높은 동물성 식재료나 과도하게 농축된 소스의 사용을 자제하고 가벼운 터치로 재료 본연의 맛을 이끌어 내자는 누벨 퀴진nouvelle cuisine 운동 이후 프랑스 요리와 이탈리아 요리의 경계는 더욱 모호해진 상황이다.

음식에 있어 고유성을 지키는 것도 나름의 의미가 있지만 결국 다른 것과 서로 접촉하고 섞이는 과정에서 새롭고 흥미로운 식문화가 생겨난다는 건 이탈리아와 프랑스 요리의 얽히고설킨 관계만 봐도 알 수 있다. 이탈리아의 역사학자 마시모 몬타나리Massimo Montanari는 "정체성의 뿌리는 생산이 아니라 교환에 있다"고 했다. 지역의 정체성이란 고정불변하는 것이 아니라 서로 관계를 맺고 긴장하고 협상해 가면서 만들어 낸 문화적, 사회적 구조물이라는 것이다. 꼭 음식뿐만 아니라 사람에게도 해당되는 이야기처럼 들린다.

음식에 있어 고유성을 지키는 것도
나름의 의미가 있지만 결국 다른 것과 서로 접촉하고
섞이는 과정에서 새롭고 흥미로운 식문화가 생겨난다는 건
이탈리아와 프랑스 요리의 얽히고설킨
관계만 봐도 알 수 있다.

FLAVOR
ROAD

31

교　토　의
시장에서 느낀
채소 절임의
풍　　　미

낯선 지역에 당도하면 가장 먼저 찾는 곳이 있다. 바로 시장이다. 지역의 시장을 한 바퀴 둘러보고 나면 이곳 사람들이 무엇을 먹고 어떤 걸 먹어야 할지 머릿속에 그림이 그려진다. 식문화가 낯설게 느껴질지언정 먹는다는 행위가 주는 익숙함은 이내 경계를 풀게 한다. 시장은 공간의 낯섦을 한 꺼풀 벗겨낼 수 있는 곳인 셈이다.

교토에서 니시키 시장을 찾은 것도 이런 연유에서였다. 시장 곳곳에서 커다란 나무통에 담긴 형형색색의 채소 절임이 눈에 띄었다. 아무런 배경지식이 없어도 이 채소 절임이 지역의 독특한 식문화임을 대번에 직감할 수 있었다. 교토와 채소 절임은 대체 어떤 연관이 있는 것일까?

매우 과학적인 채소 보관법

'쓰케모노'라 불리는 일본식 채소 절임은 일종의 피클pickles이다. 채소에 소금을 뿌려 물기를 짜낸 후 식초, 미림, 간장 등 액체에 담그거나 통째로 된장, 쌀겨 등에 파묻어 저장한 후 꺼내 먹는다. 절임음식은 인류의 지혜가 담긴 보편적인 저장 음식이다. 쓰케모노를 비롯해 우리나라의 김치나 장아찌, 서양의 피클 등 절임음식은 식재료를 오랫동안 보존하기 위한 방편에서부터 출발했다.

식재료의 부패를 막기 위해선 세포의 생장 활동을 중지시켜야 한다. 가장 효과적인 건 세포 안의 수분을 제거하는 방법이다. 먼 인류의 조상 누군가는 세포의 원리 같은 건 몰랐겠지만 식재료를 건조하거나 소금을 뿌려 저장하면 재료가 상하지 않고 오랫동안 보관이 가능하다는 걸 알게 됐다. 절임음식은 이렇게 탄생했다.

일본에서 가장 오래된 채소 절임 기록은 나라 시대인 8세기쯤 등장한다. 10세기인 헤이안 시대에 이르러서는 오이 등 채소부터 과일, 야생초 등 다양한 절임음식이 궁중연회 의식에 사용되었다는 기록이 남아 있다. 이후 전란의 시대인 무로마치 시대엔 우메보시로 잘 알려진 매실장아찌를 비롯한 각종 절임음식이 휴대식량으로 요긴했다. 채소 절임에 소금뿐만 아니라 된장이나 술지게미 등 다양한 재료를 이용하기 시작한 것도 이즈음의 일이다.

쓰케모노가 오늘날처럼 종류가 다양해지고 제조방식이 다변화된 건 도쿠가와 이에야스德川家康, 1542~1616가 일본을 통일한 후 찾아온 평화의 시기, 에도 시대부터였다. 이미 일본의 문화 전반에 깊숙하게 자리 잡은 선종 불교의 영향을 받아 사찰을 중심으로 채소 재배와 쓰케모노 생산이 보편화됐다. 특히 쌀겨와 소금, 물을 섞어 만든 반죽에 야채를 묻어 절이는 누카즈케 방식이 대중화되기 시작한 것도 이때부터다. 쌀겨를 계속 재사용할 수 있어 경제적이어서 손쉽게 집에서 쓰케모노를 만들어 먹을 수 있게 됐다.

교 야사이를 만나다

오랫동안 일본의 수도였던 교토는 내륙에 위치해 있고 산으로 둘러싸여 온화한 기후를 보이는 탓에 채소가 잘 자라는 지역으로 통한다. 오늘날에도 교토의 채소는 '교 야사이'라고 따로 명명될 만큼 일본에서 품질 좋기로 유명하다. 교 야사이로 만든 절임을 '교 쓰케모노'라 부른다.

오늘날 전국에 600종이 넘는 쓰케모노가 있지만 교토의 쓰케모노가 차별화될 수 있었던 건 채소의 품질과 제조기술 덕이었다. 니시키 시장에서 판매하는 쓰케모노를 맛보면 생각보다 짜지 않아 놀라게 된다. 고추장이나 젓갈 등 맛과 향이 강한 양념이 주로 들어가는 우리나라의 장아찌와는 달리 쓰케모노는 채소가 갖고 있는 맛을 크게 해치지 않는 범위 내에서 조미를 하는 편이다. 서양의 피클이 한정된 피클 용액을 사용해 맛을 내는 데 비해 쓰케모노는 식초, 사케, 소주, 술지게미, 된장, 쌀겨, 다시마 등 다양한 변주를 통해 맛을 끌어낸다.

요즘에는 전통적인 채소 말고도 셀러리, 멜론, 호박 등 아이디어에 제한을 두지 않고 보기에도 좋은 형형색색의 쓰케모노가 만들어지고 있다. 쓰케모노는 다양한 맛과 향, 그리고 색을 담고 있을 뿐만 아니라 재료 자체의 맛을 느끼게 해준다. 또한 자극적이지 않아 주요리에 곁들이기에도 괜찮은 매

쓰케모노는 그 자체로 자극적이지 않아 주요리에 곁들이기에도 괜찮은 매력적인 음식이다. 시장을 둘러보다 쓰케모노를 안주 삼아 가볍게 청주 한 잔 하는 사람들이 눈에 띈다.

력적인 음식이다.

　혹자는 쓰케모노가 발효과정을 거치지 않는다며 우리나라 대표 발효음식인 김치를 치켜세우는 용도로 예를 들곤 하는데, 반은 맞고 반은 틀렸다. 가볍게 조미를 해서 먹는 쓰케모노도 있는 반면 제조방식에 따라 젖산 발효를 통해 산미를 내는 종류도 있다. 교토의 3대 쓰케모노인 차조기를 이용한 '시바츠케'와 무 절임인 '스구키츠케'도 대표적인 발효 쓰케모노다. 대부분 낮은 염도를 띠고 가볍게 먹을 수 있는 반면 발효 쓰케모노는 산뜻한 산미와 깊은 감칠맛을 내 씹으면 씹을수록 다양한 풍미를 느낄 수 있다.

낯선 지역에 당도하면
가장 먼저 찾는 곳이 있다.
시장이다.
지역의 시장을 한 바퀴 둘러보고 나면
이곳 사람들이 무엇을 먹고 어떤 걸 먹어야 할지
머릿속에 그림이 그려진다.
식문화가 낯설게 느껴질지언정 먹는다는
행위가 주는 익숙함은 이내 경계를 풀게 한다.
시장은, 공간의 낯섦을 한 꺼풀
벗겨낼 수 있는 곳이다.

FLAVOR ROAD

FOUR

|

삶을 위로하는 음식들

FLAVOR BOY

FLAVOR
ROAD

32

척박한 삶을
견뎌온 자들의
우 아 한
양 식 [糧 食]

인류 역사상 가장 억울한 음식을 군이 꼽으라면 햄버거^{hamberger}가 아닐까? 사실 샌드위치^{sandwich}와 비교하자면 외양과 들어가는 재료가 조금 다를 뿐 음식물을 빵으로 둘러쌌다는 개념으로 보면 둘은 같은 음식이다. 그러나 샌드위치는 간편한 건강식으로, 햄버거는 정크푸드, 패스트푸드 등 온갖 멸시를 받아 왔다.

최근 들어서야 햄버거 자체가 문제라기보다 같이 곁들여 먹는 사이드 메뉴, 즉 감자튀김과 콜라가 영양 불균형의 주범이라는 것이 밝혀졌다. 햄버거만 놓고 보면 탄수화물과 단백질, 지방, 섬유질 등을 골고루 섭취할 수 있는 편리한 수단이다. 복잡한 조리과정도 필요 없다. 좋은 재료로 제대로 만들기만 한다면 바쁜 현대사회에서 가장 이상적인 끼니 중 하나다.

생리적 욕구와 심리적 욕구를
동시에 만족시킨다?!

햄버거가 미국을 대표하는 샌드위치라면 북유럽을 대표하는 샌드위치는 스뫼레브뢰^{smørrebrød}다. 스뫼레브뢰는 '버터'를 뜻하는 덴마크어 '스뫼르^{smør}'에 '빵'을 뜻하는 덴마크어 '브뢰^{brød}'를 합성한 말로, 우리말로 '버터를 바른 빵'이 된다.

스뫼레브뢰는 대비되는 색깔의 재료를 빵 위에 얹어 화려한 것이 특징이다. 하나의 예술 작품 같은 스뫼레브뢰를 보고 있으면 먹어도 될까 조심스러우면서도 한껏 식욕이 돋는다.

스뫼레브뢰가 일반적인 샌드위치와 다른 점은 빵이 한쪽밖에 없다는 점이다. 얇게 썬 호밀빵 한쪽 위에 버터나 스프레드를 바르고 삶은 계란, 치즈, 햄, 절인 청어, 연어 등 각종 재료를 얹어 먹는다. 덴마크와 스웨덴, 노르웨이, 핀란드 등 북유럽 국가뿐 아니라 네덜란드, 독일, 체코, 폴란드에서도 흔하게 찾아볼 수 있다.

스뫼레브뢰는 대비되는 색깔의 재료를 위에 얹어 화려한 것이 특징이다. 하나의 예술 작품 같은 스뫼레브뢰를 보고 있으면 먹어도 될까 조심스러우면서도 한껏 식욕이 돋는다. 먹기 아까운 스뫼레브뢰를 한 입 베어 물고 나니 문득 의문이 생긴다. 어째서 빵을 한쪽만 사용하게 되었을까?

음식물을 빵에 끼워 먹은 역사는 오래됐지만, 오늘날과 같은 형태의 샌드위치가 생겨난 건 비교적 근래의 일이다. 샌드위치라는 음식은 18세기경 영국에서 비롯됐다. 샌드위치의 시초에 대해서는 의견이 분분하지만 존 몬터규 샌드위치John Montagu, 4th Earl of Sandwich, 1718~1792 백작의 이름을 딴 것으로, 음식을 간편하게 먹기 위해 고안됐다는 게 정설로 통하지만 반론도 적지 않다.

귀족들을 중심으로 유행하던 샌드위치는 산업화와 함께 서민들의 삶 속으로 빠르게 스며들었다. 집과 일터가 가까웠을 때는 식사를 집에서 했지만, 열차를 이용해 공장으로 출근하는 노동자들에게는 간편하게 들고 다닐 수 있는 도시락이 필수였다. 굳이 데울 필요가 없고 빠르고 간편하게 끼니를 때울 수 있는 샌드위치는 장거리 출퇴근 노동자들을 중심으로 큰 인기를 끌었다.

이후 각지에서 변형된 샌드위치가 만들어지기 시작했다. 속에 어떤 재료를 얼마큼 채워 넣느냐에 따라 간식거리이자 점심 한 끼 식사로 충분했다.

이탈리아의 파니니^{panini}, 미국의 햄버거, 북유럽의 스뫼레브뢰, 프랑스의 크로크 무슈^{croque monsieur} 등이 샌드위치의 변형이라고 볼 수 있다.

샌드위치는 사실 그렇게 식욕을 자극하는 모양새는 아니었던 것 같다. 『식습관의 기원^{The Origin of Food Habits}』(1940년)을 쓴 H. D. 레너^{Renner}는 "샌드위치의 표면인 빵이 가장 먼저 보이기에 음식에 대한 생리적 욕구와 심리적 욕구, 이 두 가지를 완벽하게 느낄 수 없다"라고 보았다. 다른 건 몰라도 샌드위치를 그다지 좋아하지 않는 사람임엔 틀림없다.

위에 덮는 빵 한 조각을 포기함으로써 샌드위치의 시각적 단점을 보완한 스뫼레브뢰는 덴마크에서 유행처럼 번졌다. 덮개가 없으니 어떤 재료가 들었는지 한눈에 알 수 있고 시각적으로도 만족감을 줬기 때문이다. 또 어떤 재료를 올리느냐에 따라 천차만별로 변형이 가능해 여러 음식을 차려 놓고 골라 먹는 이른바 '바이킹식 뷔페'를 선호하는 북유럽인들의 취향에도 맞았다.

스뫼레브뢰의 정신

모름지기 북유럽식 스뫼레브뢰라고 하면 호밀빵을 쓰는 것이 정석이다. 밀이 풍부한 남유럽의 상황과는 달리 북유럽은 척박한 환경에서 밀을 제대로 키우기가 어려웠다. 북유럽인들은 전통적으로 거친 환경에서 자라는 호밀을 이용해 빵을 만들어 먹었다. 흰 빵에 비해 거친 호밀빵은 언제나 가난한 이들의 몫이었다.

한 때 가난의 상징이었지만 상황은 역전됐다. 우리가 쌀을 포기하지 않는 것처럼 북유럽 사람들에게 호밀빵은 그들의 정체성과도 연관이 있는 음식이다.

스뫼레브뢰를 만드는 방법은 간단하다. 우선 호밀빵을 적당한 크기로 잘라 준다. 호밀빵이 없더라도 상관없다. 구할 수 있는 빵이면 무엇이든 괜찮다. 자른 빵 한 면에 버터를 발라 준다. 버터를 바르면 빵 위에 지방층이 형성돼 재료의 수분으로 인해 빵이 눅눅해지는 것을 방지할 수 있다. 버터 외에 돼지나 닭의 간으로 만든 파테^{pâté}, 마요네즈, 치즈 스프레드 등을 사용하기도 한다.

자, 이제 창의력을 발휘할 때다. 냉장고를 뒤져 올리고 싶은 재료를 마음껏 올리면 된다. 탄수화물은 빵으로 충분하니 영양소를 고려해 단백질과 채소를 올리는 걸 추천한다. 올리브 오일이나 샐러드드레싱, 발사믹 식초가 있다면 살짝 떨어뜨려 주면 완성이다. 녹색과 붉은색, 노란색을 띠는 재료들을 사용하면 시각적으로도 꽤 먹음직스러워질 수 있다. 봄맞이 집들이나 파티용 음식으로도 그만이다. 재료가 무엇이든 어떠랴. 잊지 말아야 할 건 빵 위에 올린 음식, 스뫼레브뢰의 정신이다.

프랑스 출신 작가 그로슬리Pierre-Jean Grosley, 1718~1792가 쓴
여행서 『런던여행Tour to London』에 나오는 당시의 소문에는,
존 몬터규 샌드위치 백작이 도박 테이블 위에서
얇은 빵 사이에 끼운 말린 고기를 넣은 빵을 들고
카드 도박을 즐겼다는 일화가 전해진다.
한편 백작의 전기작가에 따르면,
국무장관까지 역임한 명망가였던 그가 늘 바쁜 일정 때문에
직무실의 책상에서 샌드위치로
끼니를 해결했을 것으로 묘사되기도 한다.
고단한 노동자들을 위로해온
샌드위치라는 음식의 가치를 생각해보건대,
권력가 샌드위치 백작에 얽힌 일화는 공허할 뿐이다.

토머스 게인즈버러(Thomas Gainsborough, 1727~1788),
〈존 몬터규 샌드위치 백작의 초상화〉, 1783, 캔버스에 오일, 23.2×15.1cm,
왕립 해양 박물관, 그리니치

FLAVOR
ROAD

33

버릴 수 없는
존 재 의
무 거 움

우리가 일상적으로 쓰는 단어 중에는 본래의 뜻과는 전혀 다르게 쓰이는 것들이 있다. 대표적인 것이 '솔푸드soul food'다. 솔과 푸드, 영혼과 음식이라는 단어가 붙어서일까, 흔히 솔푸드는 '영혼의 음식' 내지는 '깊은 감동을 주는 추억의 음식'이라는 의미로 사용된다. 원래의 솔푸드는 미국 남동부 음식, 그중에서도 노예로 끌려와 농장에서 고된 일을 하던 흑인들이 주로 먹던 음식을 지칭하는 용어다. 그러니까 따지고 보면 '당신의 솔푸드는 무엇입니까?'란 질문은 '당신의 미국 남부 흑인 음식은 무엇입니까?'가 되는 셈이다.

노즈 투 테일

솔푸드는 대개 튀기거나 한 솥에 많은 재료를 넣고 끓여 만드는 고열량 음식이 대부분이다. 빠르고 간편하게 높은 열량을 섭취해야 하는 노동자의 음식이기 때문이다. 우리에게 친숙한 프라이드치킨도 그중 하나다. 흑인 노동자들의 아픔이 녹아 있는 솔푸드가 어째서 한 개인의 추억 속 음식이라는 뜻으로 변형됐는지는 모르겠지만 이른바 한국인의 솔푸드 하면 빠지지 않고 언급되는 것이 바로 삼겹살 구이다.

　매년 황사철이 되면 삼겹살이 먼지를 씻어내는 데 효과가 있느냐 없느냐 등 효능에 관한 각종 기사와 콘텐츠들이 쏟아져 나와 안 그래도 비싼 삼겹살 가격을 더욱 부추긴다. 한편에선 서양에서는 별로 가치가 없어서 버리다시피 하는 값싼 삼겹살을 우리나라가 비싸게 수입해 판다는 이야기와 함께 지방이 많아 몸에도 좋지 않은 부위를 좋아하는 우리 민족을 이해할 수 없

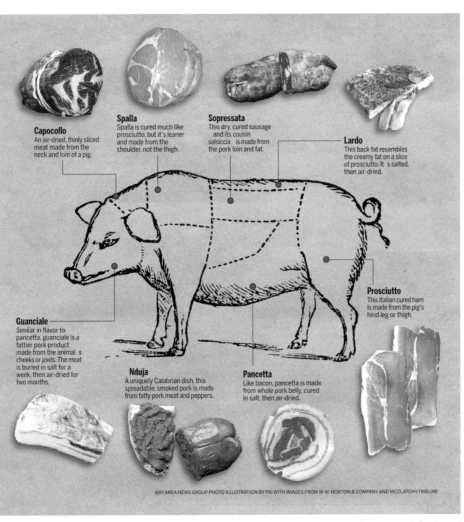

Capocollo
An air-dried, thinly sliced meat made from the neck and loin of a pig.

Spalla
Spalla is cured much like prosciutto, but it's leaner and made from the shoulder, not the thigh.

Sopressata
This dry, cured sausage and its cousin salsiccia is made from the pork loin and fat.

Lardo
This back fat resembles the creamy fat on a slice of prosciutto. It s salted, then air-dried.

Guanciale
Similar in flavor to pancetta, guanciale is a fattier pork product made from the animal s cheeks or jowls. The meat is buried in salt for a week, then air-dried for two months.

Nduja
A uniquely Calabrian dish, this spreadable, smoked pork is made from fatty pork meat and peppers.

Pancetta
Like bacon, pancetta is made from whole pork belly, cured in salt, then air-dried.

Prosciutto
This Italian cured ham is made from the pig's hind leg or thigh.

BAY AREA NEWS GROUP PHOTO ILLUSTRATION BY PAI WITH IMAGES FROM W. W. NORTON & COMPANY AND MCCLATCHY-TRIBUNE

돼지를 두고 '노즈 투 테일', 즉 '코부터 꼬리까지'란 표현이 있다. 돼지의 모든 부위를 모두 식재료로 활용할 수 있다는 데서 나온 말이다.

다는 자조 섞인 비판의 목소리도 심심찮게 나온다. 여기서 오해하지 말아야 할 부분이 있다. 서양에서 삼겹살은 버리다시피 하는 값싼 부위가 결코 아니라는 것이다.

돼지를 두고 '노즈 투 테일'nose to tail, 즉 '코부터 꼬리까지'란 표현이 있다. 돼지의 모든 부위를 모두 식재료로 활용할 수 있다는 데서 나온 말이다. 이 것은 비단 돼지에게만 적용되는 게 아니다. 전 세계 어느 곳을 막론하고 도축한 고기를 그냥 버리는 경우는 없다. 껍데기와 피, 내장, 뼈 등 부속물을 이용한 요리는 우리나라뿐 아니라 고기를 먹는 다른 문화권에서도 흔히 볼 수 있다.

한국의 돼지머리 편육에 해당하는 이탈리아 '코파 디 테스타'

'주방의 화학자' 해롤드 맥기는 우리가 인지하는 고기 맛은 지방에 축적된 맛 분자들 때문이라고 설명한다. 살코기가 아니라 지방이 고기 맛을 결정짓는다는 것이다.

이탈리아의 '코파 디 테스타^{coppa di testa}'는 영락없는 우리의 돼지머리 편육이고 돼지족으로 만든 소시지 '잠포네^{zampone}'는 외관상 족발이다. 이를 본 한국인 열에 아홉은 '이탈리아 사람들도 이런 걸 먹네' 하며 신기해한다. 우리만 먹는 게 아니라 우리도 먹는 것이다.

살코기가 아니라 지방이다!

삼겹살의 모양은 돼지의 품종과 사육방식, 부위에 따라 차이가 있다. 자세히 들여다보면 고기에 지방이 끼어 있다기보다 지방에 고기가 끼어 있는 듯한 모양새다. 그만큼 지방의 비율이 다른 부위에 비해 많다. 이것은 요리에 있어 단점이 아니라 장점이다. '주방의 화학자' 해롤드 맥기^{Harold James McGee}는 우리가 인지하는 고기 맛은 지방에 축적된 맛 분자들 때문이라고 설명한다. 살코기가 아니라 지방이 고기 맛을 결정짓는다는 것이다. 기름기 적은 소고기에 돼지기름을 넣고 구우면 그 맛이 소고기보다 돼지고기의 맛에 가까워지는 셈이다. 또 지방이 많을수록 육질이 부드러울 뿐 아니라 고소하고 달콤한 풍미도 선사해 준다. 마블링이 촘촘하게 박혀 있는 소고기가 왜 비싼지 생각해 보면 쉽다. 삼겹살이 다른 부위에 비해 국민적인 사랑을 받는 것도 이 때문이다. 지방이 많기 때문에 맛있는 것이다.

유럽에서도 돼지는 코부터 꼬리까지 버릴 게 하나도 없는 식재료다. 이탈리아인들은 지방과 껍데기 등 살코기가 아닌 부위를 소금에 절여 또 하나의 훌륭한 식재료로 활용한다.

우리야 생삼겹살을 얇게 잘라 불에 구워 먹는 것을 선호하지만 서양에서는 대부분 염장이나 훈제 등 한 차례 가공을 거친 후 소비한다. 대표적인 것이 염장한 삼겹살에 연기를 쐬어 훈제한 베이컨bacon이다. 염장과 훈연은 고기를 장기간 보관하기 위해 고안된 조리법 중 하나다. 둘 다 유해한 미생물의 발생을 억제하면서 동시에 재료에 독특한 풍미를 더한다.

훈제향을 특히 좋아하는 건 유럽 북부 사람들이다. 길고 추운 겨울을 버티려면 염장과 훈연은 선택이 아니라 필수다. '장모님만 빼고 다 훈제한다'는 우스갯소리도 있을 만큼 그들은 훈제향을 입힌 음식을 선호한다.

반면 남유럽 사람들은 훈제보다는 향신료를 이용한 염장 육가공품을 선호한다. 이탈리아에선 소금에 절인 삼겹살을 '판체타pancetta'라 부른다. 얇게 저며서 빵과 함께 그냥 먹기도 하지만 요리에 감칠맛을 내는 조미료처럼 사용하기도 한다. 지방이 많다는 이유로 다른 요리에 지방을 더하는 데 사용해 풍미를 높이는 역할을 한다. 많은 레시피에서 판체타가 없으면 베이컨을 대신 사용하라고 조언하지만 사실 그 둘은 전혀 다른 재료다.

외국에서 삼겹살이 싸다는 건 이젠 옛말이다. 유럽의 정육점에서 파는 생삼겹살 가격을 보면 다른 고급 부위에 비해 저렴할 뿐 그렇다고 많이 싸지도 않다. 늘 그렇듯 새로운 소비를 부추기는 건 미디어다. 인기 요리사들에 의해 삼겹살을 이용한 조리법이 방송을 타면서 특정 기간 삼겹살 가격이 급등했다는 유럽발 기사도 심심찮게 보인다. 한식의 세계화를 위해 한국의 식문화를 세계에 소개한다고 하는데 어쩌면 삼겹살 구이의 맛은 우리만 알고 있는 편이 여러모로 나을지도 모르겠다.

이탈리아에선 소금에 절인 삼겹살을 '판체타'라 부른다. 얇게 저며서 빵과 함께 그냥 먹기도 하지만 요리에 감칠맛을 내는 조미료처럼 사용하기도 한다. 지방이 많다는 이유로 다른 요리에 지방을 더하는 데 사용해 풍미를 높이는 역할을 한다.

FLAVOR
ROAD

34

프랑스인들의
'살' 같은
요   리

한국에 들어와 한동안 프렌치 샤퀴테리 레스토랑에서 일을 했다. 이탈리아로 요리 유학을 갔다 왔으면서 갑자기 프랑스 요리라니.

나름의 이유는 있었다. 짧은 기간 동안 유럽을 종횡무진 돌아다니며 다양한 요리를 꽤 먹어 봤지만 프랑스는 아직 미지의 영역이었다. '난 이탈리아 요리를 배웠으니 몰라도 돼'라고 무시하기에는 프랑스 요리의 존재감이 너무나 크다는 이유도 있었다.

어차피 '정파'가 아닌 길 위에 오른 이상 장르는 크게 중요하지 않았다. 프랑스 요리를 조금이나마 이해해 보겠다는 요량으로 프랑스 남부의 한 지명을 딴 식당에서 잠시 동안 몸 담았다.

예술의 경지에까지 끌어올린

샤퀴테리^{charcuterie}는 주로 돼지고기를 이용해 만든 육가공품을 일컫는 프랑스 용어다. 생크림을 넣은 흰 소시지 부댕블랑^{boudin blanc}이나 양고기로 만든 매콤한 메르게즈^{merguez}, 소금에 절여 말린 소시지 소시송^{saucisson}, 초리조^{chorizo} 등 메뉴에 있는 유럽식 소시지는 그나마 익숙했다. 이름만 좀 다르다 뿐이지 프랑스뿐 아니라 다른 유럽에서도 흔히 볼 수 있는 것들이다.

하지만 유독 어색하고 눈에 밟히는 메뉴가 하나 있었으니, 바로 향신료와 고기를 갈아 틀에 넣고 익힌 후 차갑게 먹는 '파테^{pâté}'였다. 프랑스인들이 들으면 부엌칼이라도 들고 쫓아올 것만 같지만, 처음 접한 순수 한국사람의 관점에서 파테는 굳이 비유하자면 다소 거친 질감의 '스팸' 같다고 할까. 어디까지나 형식면에서 그렇다는 것일 뿐 맛은 전혀 스팸에 비할 대상이 아니다.

파테와 함께 따라다니는 단어는 테린terrine이다. 테린은 파테를 만들 때 쓰는 주물 틀을 부르는 용어이기도 하다. 대부분 파테는 간 고기에 각종 향신료와 술 등을 섞어 길쭉한 사각형이나 원형의 주물 틀 테린에 넣어 만든다. 일반적으로 파테라고 하면 간을 위주로 넣은 내용물을 고운 질감으로 만든 후 페이스트리나 베이컨 등으로

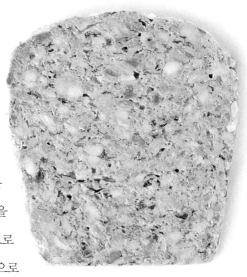

둘러싸 오븐에 넣고 천천히 익힌 '파테 앙 크루트pâte en croûte'를 의미한다.

테린은 입자가 상대적으로 거칠거나 무늬가 생기도록 덩어리를 넣어 만든 것을 뜻한다. 그러니까 페이스트리 안에 넣으면 '파테 앙 크루트', 틀에 넣으면 '파테 앙 테린'이다. 그런데 테린을 페이스트리로 둘러싸서 익히면? 프랑스인들도 구분하기 성가시고 헷갈렸는지 오늘날 파테와 테린은 거의 동의어로 사용된다.

프랑스의 파테는 오늘날 영국의 미트파이meat pie, 말 그대로 파이 안에 조미한 간 고기를 넣은 음식과 맥을 같이한다. 빵이나 파이 하면 단맛을 떠올리는 우리에게 조금 생소한 이 같은 방식의 요리가 시작된 건 중세부터라고 한다. 중요한 건 기원이 아니라 프랑스인들이 이 요리를 얼마나 창의적이고 세련되게 다듬고 발달시켜 왔느냐다. 옆의 섬나라 사람들이 수백 년 동안 같은 방식으로 고기 파이를 구울 동안 프랑스의 창의적인 요리사들은

고기 요리를 예술의 경지에까지 끌어올렸다.

속재료는 소고기와 돼지고기, 각종 가금류를 비롯해 생선도 사용된다. 질감이 느껴지지 않도록 곱게 갈거나 씹히는 맛이 있도록 거칠게 속을 채우기도 한다. 머리 고기나 내장 같은 부산물도 사용되는데 특히 푸아그라foie gras와 같은 간과 트러플truffle, 피스타치오pistachio와 같은 견과류, 육수를 젤리처럼 굳힌 아스픽aspic 등을 이용해 투박한 요리를 화려하게 탈바꿈시키기도 한다.

재미있는 건 이 음식이 (손님에게) 차갑게 나간다는 점이다. 물론 따뜻하게 나가는 경우도 종종 있다지만 절대다수의 경우 전날 미리 만들어 놓은 파테를 냉장고에 보관해 놓고 주문을 받으면 잘라 서빙한다. 그 말은 결국 미리 만들어만 놓으면 손쉽게 한 접시의 요리를 완성할 수 있다는 것이다. 비록 만드는 과정에서 손이 꽤 많이 가기는 하지만 내놓는 사람 입장에서는 이만한 효자가 또 없다. 다시 데울 필요도 없이 단칼에 쓱 잘라 한 접시 내면 끝이다. 손님이 파테를 즐기는 동안 주방에서는 메인 요리를 보다 더 화려하게 손볼 수 있는 시간을 버는 셈이다.

프랑스인들이 뜨겁게 애정하는

먹는 사람 입장에서도 파테는 매력적인 음식이다. 당장 무거운 메인 메뉴를 먹기 전에 가볍게 빈속을 달래기에 적절하거니와 하나의 완벽한 끼니이기도 하다. 특히 파테와 와인의 조합은 입맛을 돋우는 전채요리로 안성맞춤이다. 몇 주 전들른 프랑스에서 프랑스 사람들이 정말로 파테를 좋아한다는 사실을 목도했다. 실제로 파테는 프랑스인들에게 솔푸드이자 국민음식이다.

파테를 서빙해 준 프랑스인 직원에 따르면 누구나 어릴적 할머니가, 어머니가 해 준 파테의 맛을 기억 한편에 고이 간직하고 있다고 한다. 이 때문인지 프랑스 식당이라면 메뉴에서 파테가 거의 빠지지 않는다. 시골 동네 허름한 식당부터 미슐랭 별이 달린 고급 레스토랑까지 파테 요리가 눈에 띈다. 동네 구석구석을 돌아다니며 찾은 정육점이나 치즈가게만 봐도 파테와 테린을 파는 코너가 늘 있다.

종종 이탈리아를 설명할 때 이탈리아인의 피는 와인으로 육신은 파스타로 채워져 있을 것이라는 실없는 농담을 하기도 하는데, 여기에 한 가지 더 추가해야 할 게 생겼다. 아마도 프랑스인의 피는 와인일 것이요, 살은 파테로 만들어졌다고 말이다.

FLAVOR
ROAD

35

피에몬테에서
만   난
봄 의   전 령

호된 겨울을 겪었기 때문일까? 사계절 중 유독 봄이 반갑다. 비록 미세먼지와 황사란 불청객이 수시로 찾아오긴 하지만 겨울이 유난히 춥고 길었던 만큼 작은 날씨 변화도 드라마틱하게 다가오는 계절이 봄이다.

봄을 느끼는 방법은 많다. 한껏 얇아진 봄옷을 입고 개나리꽃과 벚꽃이 흐드러지게 핀 길을 걷거나 쉬는 시간에 잠깐 테라스에 앉아 포근한 햇살을 만끽하며 망중한을 느끼는 것도 봄에 할 수 있는 일이다.

이탈리아 북부 피에몬테Piemonte에서 보낸 그해 4월은 그동안 겪어 왔던 어떤 봄보다 극적이었다. 자고 일어나니 어느새 칙칙한 들판이 초록빛으로 가득 찼다.

운동을 지독히도 싫어하는 나 같은 사람도 절로 밖에 나가 뛰게 만드는 풍경이랄까. 요리학교가 쉬는 주말엔 오전마다 읍내 주변 포도밭을 하염없이 달렸다. 하루는 한 할머니가 언덕에서 무언가 캐고 있는 장면이 눈에 들어왔다. 여기도 쑥이 자라나 싶어 호기심에 다가갔다. 언덕에 흐드러지게 핀 것은 작은 바질이었다. 이미 한 봉지 가득 바질 잎을 담은 할머니는 집에서 바질 페스토basil pesto를 만들 거라고 했다. 싱그러운 바질 향 가득한 페스토를 듬뿍 넣은 파스타는 아마도 이탈리아에서 봄을 느끼는 방법 중 가장 풍요로운 방법이리라.

절로 감탄한 맛

페스토란 일종의 양념장이다. 다르게 표현하면 식물과 견과류 그리고 오일을 으깨서 뒤섞어 놓은 이탈리아식 퓌레다. 퓌레? 퓌레purée는 또 무엇일까? 과일이나 채소를 으깨서 걸쭉하게 만든 액체로, 토마토 과육이 느껴지는 토마토소스를 생각하면 쉽다. 그대로 먹기도 하고 다른 요리에 첨가하거나 바탕이 되는 역할을 한다. 페스토는 주로 빵에 펴 발라 먹거나 파스타 소스로 쓰인다.

페스토의 대표주자는 바질 페스토다. 이탈리아 리구리아Liguria 지방의 제노바Genoa가 자랑하는 대표적인 음식이다. 이탈리아에서는 페스토 알 바질리코pesto al basilico, 페스토 제노베제pesto Genovese로 불린다.

만드는 방법은 간단하다. 바질과 잣, 마늘, 치즈, 소금 그리고 올리브 오일을 절구에 한데 넣고 으깨서 만든다. 싱그럽고 달콤한 바질과 치즈의 감칠맛, 그리고 올리브 오일의 풍미가 한데 어우러져 한 입 베어 먹으면 봄이 입안에서 춤추다 못해 폭발하는 듯한 기분이 든다. 왠지 봄과 폭발은 어울리지 않지만, 입안에서만큼은 가능한 일이다. 바질 페스토를 한 입 먹어 보면 리구리아 사람들은 어째서 이런 천재적인 생각을 해낸 것일까, 절로 감탄이 나온다. 음식의 출발은 재료다. 산지가 많은 리구리아가 자랑하는 식재료는 잣과 품질 좋은 올리브다. 여기에 주변에서 쉽게 구할 수 있는 허브인 바질과 마늘, 그리고 치즈가 더해져 페스토가 탄생했다.

재미있는 건 리구리아와 접해 있는 프랑스 남동부 프로방스 지방에 비슷한 음식이 있다는 점이다. 이름도 비슷한 피스투pistou다. 페스토와 다른 점은 잣과 같은 견과류를 넣지 않고 묽게 만들어 수프로 먹는다는 정도다.

제노바와 멀리 떨어진 남쪽 섬 시칠리아에도 페스토의 사촌이 존재한다. 시칠리아 서쪽 끝 트라파니^{Trapani} 지역의 페스토 트라파네제^{pesto Trapanese}가 그 주인공이다. 트라파니식 페스토는 제노바식과 몇몇 재료에서 차이가 난다. 바질과 올리브 오일은 동일하지만 트라파네제에는 잣 대신 아몬드가, 그리고 약간의 토마토가 들어간다. 제노베제가 싱그러운 녹색 빛깔을 자랑한다면 트라파네제는 토마토 때문에 붉은빛을 띤다. 이 때문에 붉은 페스토, 페스토 로소^{pesto rosso}라고도 불린다.

트라파네제에 얽힌 흥미로운 이야기도 있다. 시칠리아의 지중해 무역거점이었던 트라파니 항구에는 제노바 출신 항해사들이 자주 드나들었다. 이들은 고향 음식이 그리웠고 바질 페스토도 그중 하나였다. 한 요리사가 제노바 선원에게 팔 요량으로 잣 대신 시칠리아에 풍부한 아몬드, 그리고 때

싱그러운 바질 향 가득한 페스토를 듬뿍 넣은
파스타는 이탈리아에서 봄을 느끼는 방법 중
가장 풍요로운 방법일 것이다.

깔 좋은 토마토 등을 넣고 페스토를 만들었는데 그렇게 트라파네제 페스토 가 탄생했다고 전해진다.

음식 설화가 그렇듯 대부분 믿거나 말거나에 가까운 이야기이지만 트라 파니식 페스토 설화가 시사하는 건 되도록 주변에서 쉽게 구할 수 있는 식 재료를 이용하라는 것이다. 값비싼 바질과 잣을 쓰지 않고도 얼마든지 입맛 당기는 페스토를 만들 수 있다. 페스토라는 음식이 갖고 있는 정체성, 그러 니까 식물과 견과류 그리고 오일의 조합이라는 것만 잊지 않으면 된다.

봄에만 느낄 수 있은 즐거움

유학을 마치고 귀국한 뒤 한동안 고수 맛에 빠져 고수 페스토를 만들어 먹 었다. 언뜻 생각하기에 고수 향이 독할 것 같지만 풍미를 부드럽게 만드는 방법이 있다. 파스타를 만들 때 한번 프라이팬 위에서 살짝 볶아주면 향이 반감된다. 열을 가하면 향이 쉽게 휘발되는 걸 역이용한 셈이다.

고수뿐 아니라 시금치, 미나리 등 특유의 향미를 가진 채소라면 무엇이든 페스토로 만들 수 있다. 견과류는 잣 대신 호두나 아몬드, 캐슈너트, 땅콩 등 을 이용해도 좋다. 각 재료의 특성과 조리에 따른 성질 변화만 알면 얼마든 지 응용이 가능하다.

여러 가지 재료를 조합해 자기만의 시그니처 페스토를 만들어 보는 것도 재미있다. 봄나물을 이용해 페스토를 만드는 일은 봄에만 느낄 수 있는 소 소한 즐거움이다.

시칠리아의 지중해 무역거점이었던 트라파니 항구에는
제노바 출신 항해사들이 자주 드나들었다.
이들은 고향 음식이 그리웠는데 바질 페스토도 그중 하나였다.
한 요리사가 제노바 선원에게 팔 요량으로
잣 대신 시칠리아에 풍부한 아몬드,
그리고 때깔 좋은 토마토 등을 넣고 페스토를 만들었다.
트라파네제 페스토가 탄생하는 순간이었다.

FLAVOR
ROAD

36

약   은
약 사 에 게
커   피   는
바리스타에게

'스페셜티specialty 커피' 원두를 직접 볶는 로스터리roastery 카페가 제법 많아 지면서 요즘 커피를 마시는 일이 꽤 즐거워졌다. 예전 같으면 맛이 제발 끔 찍하지 않기만을 바라며 커피가 입안에 들어올 때까지 긴장의 끈을 놓지 않았지만 지금은 좀 달라졌다. 로스팅 기계를 갖추고 자체 브랜드를 내세우 는 곳이라면 나름 커피 맛에 대한 철학과 자부심이 있다고 보는 편이다. 이 런 곳은 가급적 신뢰한다. 물론 그 기대를 산산이 깨부수는 곳도 드물게 있 긴 하지만.

이내 불길함이 엄습해 오는 순간
스페셜티 커피는 특정 커피를 뜻한다기보 다 일종의 문화이자 트렌드다. 한 잔을 마 시더라도 맛이 훌륭한 커피를 마시겠다는 철학이다. 국제 스페셜티커피협회SCA 기준 으로 일정 점수를 받은 고품질의 원두를 사용해야 스페셜티 커피라는 이름을 사용 할 자격을 얻는다. 원산지 및 생산자가 분 명하고 풍미의 특징이 명확해야 한다는 기준이 있다.

스페셜티 커피 매장에서 커피 맛이 맘 에 들면 가끔 원두를 산다. 좋았던 그 커 피 향을 상상하며 커피를 내리는 일은 꽤

나 즐거운 일이다. 물이 끓는 동안 그라인더에 원두를 갈고 드리퍼를 준비한다. 경건한 마음으로 조심스레 내린 커피를 한 모금 맛보면 이내 불길함이 엄습해 온다.

내가 들고 있는 검은 액체가 카페에서 맛보았던 커피와는 전혀 다른 제3의 무언가라는 사실을 알게 되는 순간 커피를 내릴 때 느꼈던 설렘이 이내 자괴감으로 바뀌는 경험, 누구나 한 번쯤은 있으리라. 분명 같은 원두일 텐데 왜 바리스타의 손을 거치면 향기로운 커피가 되고, 내가 하면 검은 탕약이 되는 걸까?

커피를 내리는 숙련된 바리스타의 동작을 본 적이 있는가? 겉보기엔 무심하게 기계로 커피를 적당히 갈아 뜨거운 물을 천천히 붓는 일에 굳이 자격증까지 따야 하나 싶을 정도로 단순해 보인다. 하지만 세상에 쉬운 일이란 숨 쉬는 일 말고는 없는 법. 여기엔 문외한의 눈에는 결코 보이지 않는 고도의 전문성이 숨어 있다.

크리스토퍼 헤든Christopher Hedden 미국 오리건대 교수에 따르면, 커피의 맛은 같은 원두를 사용해도 물의 온도와 화학적 성질, 입자의 크기와 분포, 물과 커피의 비율, 추출 시간에 따라 큰 차이를 보인다. 생두의 생산지, 품종, 건조 방식, 수확 시기, 로스팅한 원두의 신선도, 추출 방식 등에 따라서도 커피 맛이 크게 영향을 받는다. 그러니까 한 잔의 커피를 만든다는 건 이 모든 변수를 고려하면서 무수한 선택지 중에서 하나를 선택하는 일인 셈이다.

커피 한 잔이 작품이 되는 순간

커피를 볶는 로스터와 커피를 내리는 바리스타는 분리된 직업군이지만 소규모 로스터리 카페의 경우 바리스타가 두 일을 겸하기도 한다. 자체 로스팅 기계로 스페셜티 커피를 만드는 바리스타라면 품종의 특성을 이해하고 거기에 따라 원하는 의도에 맞춰 로스팅 정도를 정하고 추출 방식을 선택한다. 강하고 풍부한 향미를 내기 위해 에스프레소 머신을, 원두의 자연스러운 맛을 살리기 위해 이른바 핸드드립이라고 하는 필터 커피 방식을 사용할 것인지는 전적으로 바리스타의 의도에 달려 있다.

커피를 하나의 요리로 본다면 바리스타는 셰프다. 셰프는 재료를 선택하고 각 재료의 특성을 잘 표현할 조리 방식을 정한다. 모르는 사람이 보기엔 주방에서 요리사들이 분주하게 바쁘기만 한 것처럼 보여도 특정한 맛을 더하거나 빼려는 의도를 가지고 작업을 하고 있다.

고도로 숙련된 바리스타도 마찬가지다. 원두의 특성을 살리거나 원하는 커피 맛을 내기 위해 분쇄 입자 크기와 물의 온도, 추출 시간을 섬세하게 조절한다. 당신 앞에 놓인 커피 한 잔은 그냥 적당히 내린 커피가 아니라 고도로 숙련된 바리스타의 의도가 담긴 작품으로 볼 수 있다.

원두를 살 때 원두의 특성과 추출 방식에 대해 자세하게 설명해 주는 로스터리 카페 직원을 아직 만나 본 적이 없고 앞으로도 그럴 것 같다. 대부분의 가정에서 원두로 커피를 내린다면 각자의 상황에 따를 수밖에 없기 때문이다.

에스프레소용으로 곱게 간 원두를 필터 커피로 내리면 나오는 건 흙탕물일 것이고, 커피포트에 넣으면 본래의 향과 맛이 거세된 평범한 커피가 당신을 맞이할 것이다. 커피를 제대로 내리겠다는 열정과 집념 없이 원두만 가지고 바리스타의 의도를 재현해 내는 일은 어쩌면 식당에서 맛보았던 셰프의 요리를 재료만 갖고 똑같이 만들어 보겠다는 것과 다를 바 없다.

좋은 원두를 가지고도 참혹한 실패를 겪고 나니 이런 생각도 든다. 카페에서 원두를 판매한다는 건 소비자가 원두를 사서 내려봤자 결코 바리스타가 내린 정교한 커피 맛을 따라가지 못할 것이란 자신감의 발로가 아닐까? 사다 놓은 원두와 값비싼 추출 도구들에겐 미안하지만 역시 약은 약사에게, 커피는 바리스타에게 맡기는 편이 여러모로 현명한 선택이 아닐까 싶은 요즘이다.

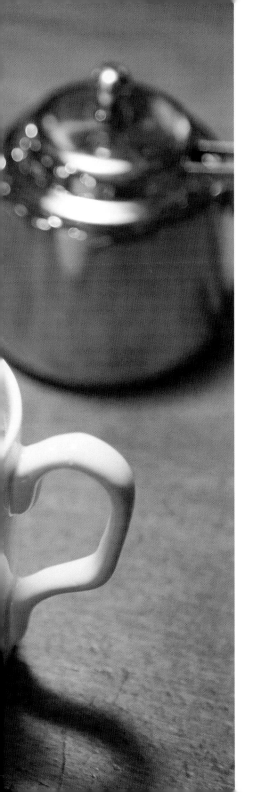

원두의 특성을 살리거나
원하는 커피 맛을 내기 위해
분쇄 입자 크기와 물의 온도,
추출 시간을 섬세하게 조절한다.
당신 앞에 놓인 커피 한 잔이
그냥 적당히 내린 커피가 아니라
고도로 숙련된 바리스타의
열정이 담긴 작품이 되는 순간이다.

FLAVOR

R O A D

37

나 그 네 의
안   식   처
살 루 메 리 아

하루 10시간 넘게 빡빡하게 진행된 요리학교 수업. 마치는 순간만을 온종일 목이 빠져라 기다렸던 건 지루하거나 힘들어서가 아니었다. 오직 한 가지 이유, '그곳'에 가고 싶었기 때문이었다.

가족과 직장 등 모든 걸 뒤로하고 이역만리 타국에서 홀로 지낸다는 건 그리 낭만적인 일만은 아니었다. 이탈리아 생활 동안 가끔 위안을 얻을 수 있었던 곳은 아이러니하게도 가장 익숙하지 않은 풍경이 펼쳐지는 곳, 갖가지 돼지 가공품을 파는 '살루메리아salumeria'였다.

천장에 주렁주렁 매달린 돼지 가공품에서 나는 비릿한 고기 냄새와 짠내, 퀴퀴한 곰팡이 내음으로 가득한 공간이다. 진열장에 놓인 살루미salume를 넋 놓고 구경하는 동안에는 걱정과 불안이 느껴지지 않았던 탓일까. 수업이 끝난 후 발걸음은 언제나 근처 살루메리아로 향했다. 여러 가지 살루미를 조금씩 사서 기숙사로 돌아와 와인 한 병을 딴 채로 앉아 그날 수업을 정리하는 건 하루를 마감하는 나만의 조촐한 의식이었다.

로마인이 반한 게르만족의 고기 염장술

이탈리아에서는 돼지고기로 만든 육가공품을 통틀어 살루미라고 한다. 여기에는 돼지 뒷다리로 만든 생햄인 프로슈토prosciutto부터 말린 소시지인 살라미salami, 삼겹살을 염장해 만든 판체타pancetta, 볼살로 만든 관찰레guanciale, 목살로 만든 코파coppa 등이 포함된다. 살루미를 파는 가게를 살루메리아라 부른다.

살루미는 소금을 뜻하는 라틴어 'sal'에서 그 이름이 유래했다. 돼지의 살

프랑스에서는 육가공품을 일컬어 '샤퀴테리'라고 한다. 이탈리아 살루미협회에 등록된 살루미 종류는 2백여 가지이지만 프랑스에 알려진 샤퀴테리 종류는 그 두 배가 넘는다.

고기뿐 아니라 각종 부속물을 소금에 절여 보존기한을 늘리고 맛과 풍미를 더한 육가공품은 고대부터 유럽인에게 사랑받는 식재료였다. 당시 살루미를 만드는 기술은 문명국 로마제국보다 그들이 야만족이라고 무시했던 게르만족이 한 수 위였다. 농경보다 수렵채집으로 생계를 유지하던 게르만족인지라 고기를 염장한 후 가공하는 기술은 따라올 민족이 없었다.

로마인은 지금의 프랑스와 독일 지역에 살던 게르만족에게 와인을 수출하고 육가공품을 수입했다. 특히 지금의 프랑스 지역에 거주하던 게르만 일파인 골족의 육가공품을 선호했다. 부유한 로마인들에게 골족이 만든 육가공품은 연회에 필수적인 음식으로 통했다. 그 때문일까, 이탈리아 사람들은 절대로 인정하지 않겠지만 유럽에서 가장 창의적인 방식으로 다양한 육가공품을 만들어내는 곳이 바로 프랑스다.

프랑스에서는 육가공품을 일컬어 샤퀴테리charcuterie라고 한다. 이탈리아 살루미협회에 등록된 살루미 종류는 2백여 가지이지만 프랑스에 알려진 샤퀴테리 종류는 그 두 배가 넘는다. 살라미와 비슷하게 생긴 소시송saucisson이나 프로슈토의 친척뻘인 잠봉jambon, 곱게 간 돼지고기에 닭이나 오리의 간을 섞어 만드는 파테pâté와 테린terrine 등이 대표적이다(304쪽).

소금에 절이는 것뿐 아니라 익히고 찌는 등 다양한 방식으로 만들어낸 샤퀴테리는 살루미와 마찬가지로 주로 차가운 상태에서 제공된다. 메인 메뉴를 먹기 전 입맛을 돋우는 전채요리로 나오거나 간단한 와인 안주로 가볍게 먹는 용도로 쓰인다.

이탈리아와 프랑스뿐 아니라 유럽 전역에선 나라마다 특색 있는 육가공품을 찾아볼 수 있다. 살라미에 훈제한 고춧가루를 넣어 만든 스페인의 초리조chorizo, 독일의 익힌 소시지 부르스트wurst도 대표적인 육가공품이다. 부르스트는 고기를 곱게 갈아 각종 향신료를 넣고 유화시킨 후 케이스에 넣어 익혀서 만든다. 익히지 않고 말려서 발효시킨 살라미나 초리조와 비교하면 덜 짜고 한 끼 식사로 그냥 먹기에도 큰 부담이 없다. 프랑크소시지, 비엔나소시지 등으로 알려진 소시지가 그런 것들이다.

부르스트가 우리에게 익숙한 소시지의 맛이라면 살라미와 초리조는 폭발적인 감칠맛을 자랑한다. 얇게 썰어낸 살라미 한 조각을 씹으면 입안에서 짠맛과 감칠맛이 번갈아가며 짜릿하게 느껴진다. 왠지 죄를 짓는 것만 같은 기분도 드는데 이럴 땐 성스러운 보혈, 붉은 와인 한 모금이 반드시 필요하다.

와인을 부르는 육가공품

살루미나 샤퀴테리는 일반적으로 돼지고기 육가공품을 의미한다. 그러나 소나 염소, 오리, 닭 등 다양한 고기를 이용한 제품도 흔하다. 흥미로운 건 어디서 어떤 재료로 만드는지 보다 어떤 레시피로 만드느냐에 따라 다양한 맛을 느낄 수 있다는 점이다.

공장에서 천편일률적으로 대량 생산되는 육가공품의 반대편에는 장인들이 만드는 개성 넘치는 육가공품들이 있다. 살루미나 샤퀴테리를 만드는 일은 손이 많이 가고 오랜 시간이 걸린다. 레시피만 안다고 해서 단번에 성공할 수 있는 것도 아니다. 온전히 경험과 노력에서 나오는 산물이라는 점에서 보면 하나의 잘 만든 공예품이라고도 할 수 있다.

과거 국내에서 살루미나 샤퀴테리 같은 육가공품을 만드는 건 어렵다고 했다. 풍토와 재료가 유럽과 다르다는 이유에서였다. 제대로 된 육가공품을 맛보려면 유럽에 가거나 수입된 제품을 선택해야만 했다.

하지만 지금은 상황이 바뀌었다. 도전적이고 열정 넘치는 요리사들이 주축이 되어 국내에서도 유럽식 육가공품을 만드는 시도가 끊이지 않고 있다. 오히려 국내 사정에 맞게 유럽과는 차별화되는 맛으로 국내 미식가들의 입맛을 사로잡고 있다.

유학 시절 살루메리아를 회상하니 와인이 당긴다. 와인 한 잔을 들고 테이블에 앉았지만 안주 삼아 곁들일 살루미 한쪽이 없으니 허전하다. 동네마다 차고 넘치는 카페 대신 개성 넘치는 육가공품 가게가 우리나라에도 하나둘 들어서는 날을 상상해본다.

얇게 썰어낸 살라미 한 조각을 씹으면
입안에서 짠맛과 감칠맛이 짜릿하게
느껴진다. 왠지 죄를 짓는 것만 같은
기분도 드는데 이럴 땐 성스러운 보혈,
붉은 와인 한 모금이 필요하다.

FLAVOR
ROAD

38

가 난 한
자들을 위한
따뜻한 한 끼

지금도 있는지 모르겠지만 학창 시절 칠판 한 귀퉁이엔 '학습 목표'라는 글귀가 적혀 있었다. 그 공간은 가끔 장학사가 오는 날만 제외하고는 대부분 비어 있었다. 미리 수업 내용을 예측하며 수업에 임하는 똑똑한 학생은 아니었던지라 대부분 무엇을 배울지 알지 못한 채 수업을 듣곤 했다.

지금 생각하면 한심하기 짝이 없지만 나름의 이유는 있었다. 오히려 학습 목표가 비어 있었기에 수업은 흥미로움의 연속이었으며 그렇기에 수업에 온전히 몰입할 수 있었다. 물론 수업을 즐기는 것과 성적은 별개의 문제였지만 말이다.

모름지기 사람이란 명확한 목표를 세우고 계획에 따라 행동하는 것이 선(善)이라 배웠다. 그리 오래 살았다고는 못하지만 나름 살아 보니 그게 맞는 사람이 있고 맞지 않는 사람이 있다는 걸 자연스레 알게 됐다. 특히 여행을 할 때 어떤 타입의 사람인지가 극명하게 드러난다. 동선 하나까지 치밀하게 계획을 세워야 마음이 놓이는 사람이 있는 반면, 비행기 티켓만 끊어 놓고 모든 걸 운명에 맡기는 사람이 있다. 옳고 그름의 문제라기보다 삶에 대한 태도의 차이일 것이다. 삶이 그렇듯 여행에도 모범답안 같은 건 존재하지 않는다.

무작정, 여행

르네상스의 발상지 이탈리아 피렌체를 다시 찾았다. 수년 만에 왔지만 변한 건 하나도 없었다. 황갈색 돔을 뽐내는 두오모 성당과 위풍당당한 다비드 상은 여전히 그 자리 그대로 있었다. 언제 오더라도 변하지 않는 풍경은 유럽의 유서 깊은 도시들의 특징이기도 하다.

아무런 계획을 세우지 않고 숙소 밖으로 무작정 나왔다. 이미 한 차례 볼거리를 싹 훑은지라 두오모나 우피치 미술관 같은 필수 관광지는 흥미가 없었다. 학습 목표를 전혀 모르고 수업을 듣는 학생처럼 아무런 목적 없이 도시를 한참 거닐었다.

피렌체 음식하면 두껍고 거대한 티본스테이크인 피오렌티나 스테이크가 대표적이다. 무지막지한 비주얼에 놀라고 맛에 또 한 번 놀라는 압도적인 음식이라 피렌체를 찾는 이들이라면 반드시 먹어 봐야 할 것으로 손꼽는다. 피렌체를 찾는 여느 관광객들이 그러하듯 처음 이곳을 찾았을 때 목표는 오로지 피오렌티나 스테이크였다. 당시에는 스테이크에 정신이 팔려 다른 음식이 보이지 않았지만, 이번에는 달랐다. 우연히 내장요리를 파는 노점이 눈에 들어왔고, 단숨에 람프레도토lampredotto라는 소 내장요리와 사랑에 빠져버렸다.

람프레도토는 우리말로 하면 소 막창이다. 신선한 소 막창을 양파와 토마토, 당근, 셀러리 등과 함께 푹 익혀 만드는데 집집마다 저마다의 방식으로 삶는다. 미리 삶아 놓은 람프레도토를 잘게 썰어 살사 베르데^{salsa verde : 녹색 소스}나 살사 피칸테^{salsa picante : 매운 소스}를 올려 먹는 간단한 음식이다. 이외에도 소의 양으로 만든 트리파^{trippa}나 돼지 볼살을 진한 소스와 함께 졸여 만든 관찰레^{guanciale}, 그리고 람프레도토와 같은 방식으로 삶은 연골과 소 혀, 양지 수육 등도 메뉴에 있는 경우가 많다. 이 모든 걸 한 접시에 담아 팔기도 하는데 겉으로만 보면 영락없이 우리의 모둠수육 한 접시다.

스테이크 보다 막창!

순대와 수육에 익숙한 우리만 그런 음식을 먹을 거란 예상과 달리 내장요리는 고기를 먹는 곳이라면 어디든 존재한다. 특히 이탈리아와 스페인, 프랑스, 영국 등 유럽 곳곳에서 심심찮게 내장요리를 찾아볼 수 있다. 피렌체는 어째서 이런 내장요리가 유명하게 되었을까?

예부터 피렌체는 양모와 소가죽 가공이 주요 산업 중 하나였다. 산업화 이후 영국이 양모를 자체적으로 가공하면서부터 양모 가공 산업은 하락세로 들어섰고 소가죽 산업의 의존도가 높아졌다. 소가죽을 얻기 위해서는 소를 잡아야 했고 부산물로 소고기와 소 내장이 나왔다. 소고기는 상류층이나 중산층의 몫이었고, 내장은 대개 가난한 서민들의 몫이었다.

시장이나 공장 근처에서 값싸고 영양이 풍부한 내장요리를 파는 노점들이 생겨났고 덕분에 노동자들은 든든하게 한 끼를 해결할 수 있었다. 특히

소의 살코기가 상류층의 몫이라면 내장은 대개 가난한 서민들의 몫이었다. 시장이나 공장 근처에서 값싸고 영양이 풍부한 내장요리를 파는 노점들이 생겨났고 덕분에 서민들은 든든하게 한 끼를 해결할 수 있었다. 피렌체의 중앙시장은 소 내장요리를 찾는 사람들로 늘 붐빈다.

파니니 속에 넣은 람프레도토나 트리파는 아침이나 오후에 빠르게 한 끼를 때울 수 있는 일종의 패스트 푸드다. 대부분의 노점들이 문을 여는 오전 9시가 되면 사람들이 슬금슬금 모이기 시작한다.

전날 혹은 아침부터 삶아 놓은 내장과 수육을 꺼내 호쾌하게 썰어 주는 모습은 전혀 낯설지 않은 장면이다. 피오렌티나 스테이크를 먹을 요량으로 피렌체를 찾았다면 반드시 한 끼 정도는 람프레도토를 위한 시간을 남겨 두기를 권하고 싶다. 부드럽다 못해 사르르 녹아내리는 감촉과 진한 풍미는 그냥 지나치기에는 너무나 아쉬운 경험이다.

피렌체 시내 곳곳에 있는 내장요리 노점들의 맛은 어느 하나 같은 것이 없다. 저마다의 비법으로 만든 내장요리를 즐기는 것도 피렌체에서 누릴 수 있는 즐거움 중 하나다.

남들과 다른 여행, 색다른 경험을 하고 싶다면 내 안에 적어 두었던 학습 목표, 아니 여행 목표의 리스트를 살짝 지워 보는 것도 좋다. 스마트폰의 지도만 보고 걸을 때엔 보이지 않던 사람 냄새나는 풍경과 뜻밖의 맛있는 음식이 당신을 기다리고 있을지도 모르니 말이다.

플레이버 보이

초판 1쇄 발행 | 2019년 09월 5일

지은이 | 장준우
펴낸이 | 이원범
기획·편집 | 김은숙
마케팅 | 안오영
표지 및 본문 디자인 | 강선욱

펴낸곳 | 어바웃어북 about a book
출판등록 | 2010년 12월 24일 제313-2010-377호
주소 | 서울시 강서구 마곡중앙로 161-8 C동 1002호(마곡동, 두산더랜드파크)
전화 | (편집팀) 070-4232-6071 (영업팀) 070-4233-6070
팩스 | 02-335-6078

ⓒ 장준우, 2019

ISBN | 979-11-87150-60-2 03900

| a b o u t 인문 교양 |

식탐(食貪)이 식탐(識探)으로 바뀌는 지식 만찬

맛 읽어주는 여자

| 모리시타 노리코 지음 | 지희정 옮김 | 14,800원 |

음식에 담긴 삶의 서사와 시대의 풍경을 음미하다!

읽으면 입안에 침이 고이고 배가 고파진다고 해서 평단으로부터
'한밤중에 읽으면 위험한 글' '공복에 읽으면 안 되는 글'이라는
매우 유니크한 극찬을 받은 책

길 위에서 만난 여행 같은 그림들

여행자의 미술관

| 박준 지음 | 360쪽 | 16,800원 |

• 한국출판문화산업진흥원 '이 달의 읽을 만한 책' 선정

〈On The Road〉로 10만 청춘에 방랑의 불을 지폈던 작가 박준.
세계를 떠돌아다니며 수많은 미술관에서 만난 그림들을
기억 속에서 꺼내 전람회를 열었다. 이름하여 '여행자의 미술관'

작품이, 당신의 삶에 말을 걸다

명작을 읽을 권리

| 한윤정 지음 | 324쪽 | 16,000원 |

• 문화체육관광부 '우수 교양 도서' 선정
• 네이버 '오늘의 책' 선정
• 국립중앙도서관 사서 '추천 도서' 선정

문학과 영화, 예술의 숲을 종횡무진 누비며
왜 이 작품이 명작의 반열에 올랐는지를 알려주는 명작독법

거장들의 자화상으로 미술사를 산책하다

자화상展

| 천빈 지음 | 정유희 옮김 | 436쪽 | 20,000원 |

• 한국출판문화산업진흥원 '청소년 권장 도서' 선정
• 행복한아침독서 '추천 도서' 선정
• 어린이도서연구회 '추천 도서' 선정

미술사를 뒤흔든 거장 111명의 자화상 200여 점으로
한 권의 책 안에 전람회를 열다!